Lorenz Gallmetzer **süchtig**

LORENZ GALLMETZER

süchtig

Von Alkohol bis Glücksspiel
Abhängige erzählen

www.kremayr-scheriau.at

ISBN 978-3-218-01039-9
Copyright © 2016 by Verlag Kremayr & Scheriau GmbH & Co. KG, Wien
Alle Rechte vorbehalten
Schutzumschlaggestaltung: Sophie Gudenus, Wien
Unter Verwendung eines Gemäldes von Vassilis Karakatsanis
Typografische Gestaltung und Satz: Michael Karner, Gloggnitz
Druck und Bindung: Christian Theiss GmbH, St. Stefan i. Lavanttal

Inhalt

»Der Alkohol ist erschaffen worden, damit man die Leere des Universums ertragen kann ...
Der Alkohol tröstet über nichts hinweg, er füllt die psychischen Räume des Individuums nicht aus, er ersetzt nur das Fehlen Gottes.«

MARGUERITE DURAS
Aus: »Das tägliche Leben«, edition Suhrkamp 1988

Und am Ende steht die Sucht

Dreißig Jahre lang war ich einer, der gerne trinkt. Und einer, der auch gerne ab und zu »ein Glas zu viel« trinkt. Am Vormittag ein Gläschen Weißen als Aperitif, zum Mittagessen Wein mit Mineral, am Nachmittag kurz ein Sprung in die Bar, zum Abendessen einen Roten und dann je nach Abendprogramm. Am Vormittag als Stimulans, dann als Geschmacksveredler zu den Speisen, nachmittags ein Schuss Treibstoff für die Arbeit, am Abend zur Belohnung ein wenig Euphorie und schließlich als wohliges Sedativum zum Einschlafen – der Alkohol, der kann schon was. Ich trank also so, wie so viele in unseren Breitengraden – regelmäßig und reichlich, aber so dosiert, dass es keine negativen Folgen auf mein Arbeits- und Sozialleben hatte. Es ging mir gut damit. Doch allmählich wurde »das Glas zu viel« zu »den Gläsern zu viel« und schließlich »zur Flasche zu viel«, ebenso regelmäßig.

Die Suchtforschung sagt, dass die Gründe dafür, dass eine Person eine krankhafte Abhängigkeit von Substanzen oder Verhaltenssüchte (Spielsucht, Kaufsucht, Internetsucht, Esssucht, Magersucht usw.) entwickelt, vielfältig und komplex sind. Man kann Opfer einer vererbten, also genetischen, Prädisposition sein. Man kann schon im zarten Kindesalter oder auch als Erwachsener schwere Traumata erlitten haben, deren Folgen uns ein Leben lang belasten. Bei sehr vielen Süchtigen verbreitet ist die Depression, die wiederum unzählige Quellen kennt. Und nicht zuletzt wirken so gut wie immer auch die sozialen Umstände: Stress, Überforderung, Versagensängste, extreme Schüchternheit und Gehemmtheit, Einsamkeit usw. Aber ebenso verführerisch ist der Gruppendruck, der Zwang, sich einem Normverhalten anzupassen. »Weil alle trinken, trinke ich auch«, oder »Wer nicht mittrinkt, der gehört nicht dazu«. Vor allem bei Jugendlichen, die noch auf der Suche nach ihrem Lebensweg sind, ist die in unserer Gesellschaft allgegenwärtige und gern zelebrierte Trinkkultur mit all ihren Riten und Ritualen ein nicht zu unterschätzender Grund für den Einstieg ins Trinken. Das immer häufiger für Rettungseinsätze und Schlagzeilen sorgende Komasaufen sehr junger Burschen und Mädchen ist nur die Extremform.

Experimente und Abenteuer mit harten Drogen

Nach all diesen Kriterien gehöre ich sicher zu den Menschen mit einem hohen Suchtpotenzial. Nun ist es im gängigen Sprachgebrauch üblich, dass man beim Begriff »Sucht« als erstes an Drogen denkt, an sogenannte harte Drogen. In der Tat habe ich sehr früh Bekanntschaft mit harten Drogen gemacht, noch lange bevor ich auf den Geschmack von Alkohol gekommen bin. Ich habe mit 18 das Elternhaus in Bozen/Südtirol verlassen, um in Wien die weite Welt und vor allem die Freiheit zu entdecken. Das war 1970. Als Folge der Beat- und Hippie-Bewegungen sowie der Studentenrevolten von Kalifornien über Paris, Italien und Deutschland war auch Wien zumindest von einem Revolutionslüfterl erfasst worden. Natürlich gab es auch hier Studentenproteste, aber der Aufbruch äußerte sich in Wien hauptsächlich in radikaler Avantgarde-Kultur wie dem Aktionismus und in neuen Lebensformen vieler Jugendlicher. Ablehnung der kleinbürgerlichen Ehe, Hinterfragung der arrivierten Autoritäten, antiautoritäre Erziehung und Experimente mit der freien Liebe gehörten dazu. Das Ganze begleitet von der international sich etablierenden Popmusik und eben auch von Drogen.

Drogenkonsum war alles andere als Selbstzweck oder einfach eine andere Art von Spaß. Nein, wir hatten zahlreiche Musiker, Künstler und Intellektuelle, die der Verwendung von Drogen zur Erweiterung des Bewusstseins, zur Entdeckung der eigenen Persönlichkeit, zur Sensibilisierung und Ausweitung der Sinne eine nahezu weltanschauliche Dimension verliehen. Der Psychologe Timothy Leary, der Entdecker des LSD Albert Hofmann oder der Stardichter der Beat-Generation Allen Ginsberg forderten freie Halluzinogene für alle. Der Essay »Die Pforten der Wahrnehmung« des englischen Schriftstellers Aldous Huxley war weltweit ein Bestseller und genoss den Status einer modernen Bibel. Von Alkohol, Opium, Heroin und anderen beruhigenden oder aufputschenden Substanzen hielt Huxley wenig bis nichts. Ihm ging es ausschließlich um die Aktivierung von Gehirnregionen und -funktionen, die normalerweise angeblich brachliegen – mithilfe von Meskalin und LSD.

Vorerst begann ich regelmäßig Haschisch zu rauchen. Das gab es damals häufiger als Marihuana, das Cannabis in Grasform, und sehr oft von geldgierigen Dealern mit billigem »O« (Opium) »gestreckt«. Es war im Unterschied zum Gras eher sedierend und bewirkte nach dem Rausch häufig einem Alkoholkater nicht unähnliche Symptome. Schon bald wurde ich in eine Steigerung und Diversifizierung des

Drogenrausches eingeführt. Das konnte mit Hilfe von allerlei Aufputschmitteln wie Captagon oder dem damals in Deutschland noch rezeptfrei erhältlichen AN 1 sein, aber wenn keine »echten« Rauschsubstanzen verfügbar waren, gaben wir uns auch mit Hustensäften wie Romilar zufrieden. Sehr hoch dosiert – ein ganzes Fläschchen im Tee – und mit einem Joint kombiniert, konnte es einen zur Musik von Pink Floyd ebenso zum Schweben bringen. Und schließlich waren kleine, illegal produzierte Pillen oder mit Flüssigkeit getränkte Löschblattstückchen an der Reihe: LSD und Meskalin. Das war schon ziemlich heftig. Alles, was ich über die Wirkung dieser halluzinogenen Rauschmittel gelesen oder gehört hatte, traf nämlich wirklich ein. Die Wände bewegten sich ebenso wie die Farbmuster auf Kleidern oder Decken, ein Gitarrenakkord klang wie ein ganzes Orchester und bei offenen Augen lief vor dem inneren Auge ein turbulenter Film ab, bizarr und unverständlich wie ein Traum. Die Personen, auch engste Freunde, erschienen einem fremd, die Dinge, die sie sagten, unzusammenhängend und sinnentstellt. Selbst der eigene Körper, die Hände, die Füße, das Gesicht, schienen beim Berühren Fremdkörper zu sein, mit denen man nichts gemein hatte. Man stand neben sich, buchstäblich. Immer wieder glaubte ich mich dabei zu sehen, wie ich mich selbst von außen ansah, musterte, beobachtete. Es hat schon seinen Grund, dass die Amerikaner für diese Rauscherfahrung das Wort »Trip« erfunden haben. Man ist wirklich zwischen 24 und 36 Stunden auf Reisen in einer anderen Welt.

Nach acht solchen Trips in ebenso vielen Monaten hatte ich genug, vollkommen genug. Erstens erlebte ich auf diesen Reisen auch sehr unangenehme Zustände, ein plötzliches Gefühl des Verlorenseins, der Eiseskälte und der Einsamkeit. Und das wiederum löste Angst aus. Angst, dass der Trip nicht mehr aufhören könnte, dass man »hängen bleibt«, also den Verstand verliert. Außerdem bereiteten mir die sogenannten »Flashbacks« Sorgen. Es genügte oft, einen Joint zu rauchen, und unversehens war man wieder »auf Trip«, wenn auch in abgeschwächter Form und nur für wenige Minuten. Aber immerhin. Diese unerwünschte Rückversetzung in einen Zustand der Entrückung löste regelrechte Panik aus. Ich beschloss, sowohl mit den chemischen Drogen als auch mit dem Cannabis aufzuhören. Das ging von einem Tag auf den anderen, ohne Entzugserscheinungen, ohne Mangelgefühle. Im Gegenteil, ich erlebte es als Erlösung. Denn ich wollte mich nach einem Jahr wieder voll der äußeren Wirklichkeit und meinem Studium zuwenden.

Von den Drogen zum Alkohol

Diese Entscheidung hatte Folgen – gute und weniger gute. Gut war, dass ich mir einen Teilzeitjob suchte und studierte, weniger gut, dass ich vom Hippie-Drogen-Milieu schon bald ins Theater-Alkohol-Milieu wechselte. Als Abendjob im Kellertheater »Die Tribüne« im renommierten Café Landtmann hatten ich und ein weiterer Student hinter der Bühne den Vorhang, die Regler für Licht und Tonzuspielungen zu bedienen, den Bühnenumbau möglichst schnell zu bewerkstelligen und ... eine primitive, kleine Hausbar für die Schauspieler zu führen. Bar ist ein großes Wort. Es gab nur roten und weißen Wein, wie damals üblich in Doppelliterflaschen, Bier und Soda aus der Siphonflasche. Nicht alle tranken, oder nicht alle tranken viel. Gewisse Schauspieler, noch dazu die bekannteren und die Publikumslieblinge, beharrten jedoch gern darauf, zwischen einem Bühnenauftritt und dem nächsten ein Achterl oder einen kühlen Spritzer gereicht zu bekommen. Verführerisch war für mich als Junge aus der Provinz das »Ausklingenlassen« nach der Vorstellung in einem der umliegenden Gasthäuser. Besonders der legendäre Erich Frank liebte es, im nächstgelegenen Café sämtliche Lieder Frank Sinatras und Edith Piafs in der Jukebox zu programmieren, um dann stundenlang mit Anekdoten, Witzen und Aphorismen Hof zu halten. Da war er meist schon längst zum Whisky übergegangen.

Meine Einführung in die Welt des Alkohols war vollzogen. Dennoch blieb mein Konsum unproblematisch. Das galt für die Zeit an der Uni, für die Zeit als Lehrer in Südtirol und für eine sehr lange Zeit während meiner Journalistenlaufbahn. In der Suchttheorie heißt es ja, die Trunksucht müsse man sich geradezu erarbeiten. Ganze zehn Jahre müsse eine normal konstituierte Person – also ohne genetische oder andere körperliche und psychische Vorbelastungen – regelmäßig trinken, um eine bleibende Abhängigkeit zu entwickeln. Bei mir hat es wohl noch länger gedauert, und selbst als ich schon unbestreitbar ein gewohnheitsmäßiger Spiegeltrinker war, konnte ich das mit meinem Berufsleben und meinen zwischenmenschlichen Beziehungen ganz gut vereinbaren. Ein wichtiger Grund dafür war sicher der Umstand, dass ich gesellschaftlich verankert blieb, dass mir meine Rolle im sozialen Leben viel bedeutete.

Während meiner Anfangsphase in Wien hatte ich neugierig alle Abenteuer und Facetten der persönlichen Befreiung erkundet und ausgekostet. Spätestens als Unistudent besann ich mich hingegen auf die beiden prägenden letzten Jahre in Bozen – 1968/69. Obwohl die deutschsprachige Bevölkerung in Südtirol mehrheitlich äußerst konservativ gesinnt war, sprang der Funke der italienischen und internationalen Achtundsechziger-Bewegung über. Das betraf vor allem die Gewerkschaften und einen Teil der Jugendlichen. So wurde auch ich als Schüler politisiert. Erste Artikel in der Schülerzeitung, erste Versammlungen, erste Demos. Ohne ein klares Weltbild zu haben, waren wir doch gegen die kleinbürgerliche Elterngeneration, gegen das moralische Korsett in der Erziehung und gegen die sozialen Ungerechtigkeiten. Wir wollten eine freiere, bessere und gerechtere Welt und wollten uns auch aktiv dafür einsetzen. Dieses gemeinsam mit Gleichgesinnten »Für-etwas-Kämpfen« war identitätsstiftend, vermittelte ein Gruppengefühl, Zugehörigkeit, Halt. In einer solchen psychischen Verfasstheit konnten Drogen oder Alkohol keine nachhaltige Wirkung entwickeln. Man hatte ja Ideale.

Noch viel nachhaltiger prägte dieses Lebensgefühl meine Zeit als Student, als Lehrer und anfangs auch als Journalist. Die Berufswahl war ja keine zufällige. Ich bin bis heute der Auffassung, dass sowohl Lehrer als auch Journalisten eine verantwortungsvolle Aufgabe erfüllen. Sie können wenigstens ein wenig dazu beitragen, die Mächte des Irrationalen zurückzudrängen, durch kritische Information und Aufklärung. Mir selbst half diese Aufgabe entscheidend, die Mächte des Irrationalen in mir – und somit der Sucht – in Schach zu halten, zumindest für lange Zeit. Schon sehr früh wurde ich zum sprichwörtlichen »Workaholic«, zum Arbeitssüchtigen. Schon wieder eine Sucht. Ja, aber eine, die vordergründig positiv scheint. Insbesondere eine Sucht, die gesellschaftlich geachtet, nicht geächtet wird. Schon ab dem ersten Jahr beim ORF begnügte ich mich nicht damit, meine Redaktionsaufgaben anständig zu erfüllen, sondern produzierte darüber hinaus Reportagen und Dokumentar-

15

filme. Als Reporter und Korrespondent galt später dasselbe. Unverhältnismäßig lange Arbeitstage und so gut wie kaum Freizeit empfand ich nicht als Belastung, sondern ging darin auf. Weil die Arbeit spannend und kreativ war, sicher. Das Gefühl, gebraucht zu werden, ja quasi unersetzbar zu sein, und die darauf folgende Anerkennung fungierten ebenso als Triebfeder des übermäßigen Arbeitsfiebers. Doch da gab es noch einen tieferen Grund, den ich mir erst viel später eingestand. So wie früher der Sozial- und Politaktivismus half mir jetzt eben die Arbeit, meine Neigung zu Niedergeschlagenheit, Wehmut und Existenzzweifeln zu vertreiben. Nicht zu verdrängen, sondern im Zaum zu halten. Ich war mir schließlich bewusst, dass ich seit meiner frühesten Jugend Melancholiker bin.

Der lange Weg vom Genuss- zum Problemtrinker

Hier die Melancholie als Grundstimmung, dort die Flucht in Arbeit und Sozialaktivitäten – beides sind denkbar schlechte Voraussetzungen für ein ausgeglichenes Seelenleben. Ich hatte sehr lange Zeit ein aufregendes, interessantes, erfülltes Leben. Die Arbeit brachte mich rund um die Welt, erlaubte mir Begegnungen mit einer großen Anzahl außerordentlicher Personen, ließ mich die verschiedensten sozialen, kulturellen und menschlichen Welten entdecken. Ich unterhielt immer sehr enge Beziehungen zu wundervollen Menschen, materielle Sorgen hatte ich keine.

Trotzdem gab und gibt es eine folgenschwere Schattenseite. Ich hatte bei allem, was ich tat, einen nicht zu zügelnden Drang zum Exzess, zum Unersättlichen – in der Arbeit wie im sozialen Verhalten. Ich war garantiert immer der letzte Gast bei einem Abendessen mit Freunden oder bei einer Diskussion. Und anschließend musste ich noch in ein Lokal bis zur morgendlichen Sperrstunde, wenn nötig allein. Ich konnte einfach meine Erlebnisgier nicht stillen. Das galt – und gilt häufig auch heute noch – natürlich auch für alle möglichen Substanzen, fast so, als wollte ich mir die Welt oral einverleiben. Das konnten die zwei Schachteln Zigaretten am Tag sein, köstliches Essen in guten Restaurants und natürlich reichlich Alkohol, mit Vorliebe Wein. Überhaupt wurde der Wein bei diesem frenetischen Lebenswandel immer bedeutender. Der Wein als stimulierendes Stimmungsdoping, der Wein als Gefühlsverstärker, der Wein zum besseren Ertragen der Widrigkeiten des Alltags, der Wein zur Belohnung, der Wein zur Entspannung und Beruhigung. Es gab immer einen Grund und immer einen Anlass zum Trinken.

Überflüssig zu erwähnen, dass ich mich in einer Welt bewegte, in der das Trinken absolut salonfähig war, speziell in der Zeit, als ich in der Wiener Zentrale des ORF arbeitete. Als ich in die Auslandsredaktion kam, gab es unter dem Dutzend Kollegen und Kolleginnen einen einzigen prominenten Nichtraucher. Er war Nachrichtenmoderator und musste unsere Qualmerei auch während der Sitzungen ertragen. Ebenso normal war es, dass etliche Kollegen sich aus der Kantine ihr Bier mit in die Sitzung nahmen, dass im Redaktionskühlschrank immer ein Fläschchen und Schnaps zu finden waren. Und wenn nicht, wusste man, wer für alle Fälle Hochprozentiges in seiner Schreibtischschublade hatte. Ich bevorzugte es, so gut wie täglich im hauseigenen Supermarkt eine Flasche italienischen Rotwein mit Prosciutto und Käse zu besorgen, die wir dann kollektiv im Sekretariat genossen – »für Zwischendrin«, wie wir betonten.

In dieser Zeit begann ich auch, regelmäßig zu Kokain zu greifen. Das weiße Pulver war gerade in Mode gekommen und die fixen Arbeitszeiten erlaubten eine Planung seines Privatlebens, Exzesse inklusive. Also konnte man sich getrost ab Freitagabend und bis in die frühen Morgenstunden des Sonntags gehenlassen. Der Sonntag diente dann der Erholung, damit man am Montag wieder funktionieren konnte. Koks für die langen Pokerrunden unter Freunden. Koks, um von einem Beisel ins nächste zu ziehen. Koks, um nach Mitternacht in der Diskothek abzutanzen, bis die Kleider klebrig verschwitzt waren. Kokain machte wach, auf Kokain hatte man das Gefühl, vollkommen klar und vernünftig zu sein, alles unter Kontrolle zu haben. Und auf Kokain konnte man Unmengen Alkohol vertragen. Ja, er gehörte gewissermaßen dazu, um die erregende und etwas fahrig-nervös machende Wirkung des Pulvers zu dämpfen, abzurunden. Ich habe über längere Zeit Kokain geschnupft, als Freizeitdroge, alle paar Wochenenden einmal. Das passte perfekt zu meiner Lebensgier, zu meinem Wunsch, alles in rasantem Tempo und grenzenlos zu erleben, nach dem Motto: »Lieber mit Vollgas gegen die Wand als mit 70 im Altersheim.«

Aber ich wurde davon nicht abhängig. Sobald es die Arbeitsumstände nicht mehr erlaubten, war es vorbei. Das ging Hand in Hand mit meiner Entsendung als Auslandskorrespondent, zuerst nach Washington, dann nach Paris. Als Korrespondent ist es schlicht und einfach nicht möglich, so über sein Privatleben zu verfügen. Jederzeit muss man damit rechnen, dass die Radio- oder TV-Redaktion aus Wien anruft, weil sich in dem Land, aus dem man berichtet, etwas zugetragen hat. Da ist es schon grenzwertig, mit einem ganz normalen Alkoholkater in kurzer Zeit einen Bericht zu senden, geschweige denn nach einer durchgemachten Nacht.

Außerdem war man in dieser Arbeitssituation auch ohne Koks oft genug »auf tausend«.

Warum Alkohol?

Es stellt sich ernsthaft die Frage: Wenn ich weder von Amphetaminen, LSD und Meskalin abhängig wurde noch von Kokain – *den* harten Drogen, vor denen alle warnen (Heroin habe ich aus Angst nie versucht und die neuen Partydrogen wie Ecstasy kamen erst nach meiner Zeit) –, warum dann von Alkohol und Nikotin? Meine Nikotinsucht ist schnell erklärt. Ich hatte schon als siebenjähriges Kind in unserer Wohnung drei eigene Aschenbecher: einen in der Küche, einen im Wohnzimmer und einen auf meinem Nachtkästchen. Geraucht habe ich nur Luft. Meine Eltern pflegten damals ihre Zigaretten selbst zu stopfen, in leere Hülsen mit Filter. Rex hieß die Marke. Damit ich den Erwachsenen in nichts nachstehe und weil man das offenbar unschuldig-lustig fand, durfte ich eben Luft rauchen. Die Initiation war nachhaltig. Mit vierzehn begann ich täglich eine Zehner-Packung echte Zigaretten zu kaufen und zu rauchen. Und was Sie vielleicht nicht wissen: In der Rangliste der Abhängigkeit hervorrufenden Substanzen steht Nikotin an zweiter Stelle, was sein Suchtpotenzial betrifft. Gleich nach Crack, aber vor Heroin, Kokain und Alkohol – in dieser Reihenfolge. Mein älterer Bruder hat sein Leben lang keine einzige Zigarette angerührt. Er ist im Unterschied zu mir auch ein durchaus kontrollierter Genusstrinker, ebenso wie es meine Eltern immer waren. Warum also ich? Und warum Alkohol?

In Österreich schätzt man die Zahl der sogenannten »Risikotrinker« auf fast 900.000, jene der schwer abhängigen

Alkoholkranken auf 350.000. Subtrahiert man die Kinder unter 15, so kann man sagen, dass in etwa jede(r) 20. Österreicher oder Österreicherin alkoholkrank ist und zusätzlich jede(r) 9. alkoholgefährdet. Aber was ist ein Risikotrinker, ein Problemtrinker? Wo hört das Genusstrinken auf und wo beginnt der Alkoholmissbrauch? Und wie lange dauert es dann bis zur Sucht? Kann jemand, der die Schwelle zum Problemtrinken schon überschritten hat, trotzdem noch kontrolliert trinken? Ich habe diese Fragen mit Professor Michael Musalek, dem Leiter des Anton-Proksch-Instituts und Primar in Kalksburg, der größten Suchtklinik Europas, besprochen (siehe letztes Kapitel). Fest steht jedenfalls, dass die Grenzen zwischen Missbrauch, Abhängigkeit und Sucht fließend sind, dass sie individuell verschieden sind und dass es sowohl körperliche, seelische wie gesellschaftliche Faktoren dafür gibt, wie sich das Trinkverhalten entwickelt.

Gesellschaftlich haben bei mir jahrelang zwei widersprüchliche Kräfte gewirkt. Einerseits verkehrte ich in unserer Welt des ohnehin kultivierten Alkoholkonsums viel in Kreisen, in denen das Trinken geradezu zelebriert wird: Medienleute (wer hat den Schriftsteller, Abenteurer und Reporter Hemingway mitsamt seinen Drinks nicht bewundert?), Schauspieler, Musiker, Künstler und deren Hofstaat gelten ja als Teil einer besonderen Spezies. Zu ihrem Image gehört meist, dass sie durch Alkohol und andere Substanzen ihre Kreativität steigern, ihre besondere Sensibilität fördern oder ihre übertriebene Empfindsamkeit besänftigen. Diese romantisierte Aura hat etwas Verführerisches. Sie hatte es auch für mich. Andererseits erforderte meine schon erwähnte Arbeitssucht tadelloses Funktionieren und Disziplin. Dieses Über-Ich war stark genug, dass ich immer dann, wenn ich das Gefühl hatte, das Trinken könnte zum Problem werden, die Handbremse zog. Das ging lange gut, irgendwann nicht mehr so gut und irgendwann nur mehr recht und schlecht. Denn so aufregend und erfüllend die Arbeit auch sein mochte, sie verursachte andauernd Anspannung und Stress. Was war also naheliegender, als zur Lockerung und Entspannung zu trinken?

Womit wir beim Körperlichen wären. Bekanntlich hat regelmäßiges Trinken nicht nur einen starken Gewöhnungseffekt, es produziert das, was in der Medizin Toleranz genannt wird. Ein täuschender Begriff. Im Freundes- und Bekanntenkreis wird diese Toleranz gegenüber dem Alkohol als Trinkfestigkeit bewundert. Was sich in Wirklichkeit abspielt, ist hingegen gar keine »Festigkeit«. Toleranz bedeutet schlicht und einfach, dass man immer größere Mengen Alkohol in immer kürzeren Zeitabschnitten braucht, um den gewünschten Effekt der Anregung, Entspannung oder gar des Berauschtseins zu erzielen. Man ist definitiv zum Risikotrinker geworden. Abgesehen davon, dass dieser regelmäßige Alkoholkonsum schon beträchtliche Gesundheitsschädigungen verschiedenster Organe bewirkt, hat er auch psychische Folgen. Man gewöhnt sich derart daran, dass mit Alkohol alles leichter zu gehen scheint, dass man beginnt, ihn zu brauchen, dass man sich ohne zu trinken schwerer konzentrieren oder entspannen, schlechter arbeiten oder feiern kann. Dann ist man zweifellos zum Problemtrinker avanciert. Damit können sehr viele Menschen recht lange relativ komplikationslos leben. Nachdem ich weder Rauschtrinker noch Quartalsäufer war, sondern Spiegeltrinker (also immer leicht oder auch stärker »eingespritzt«, aber nicht wirklich betrunken), waren bei mir auch die Fälle von echtem Kontrollverlust selten. Das ist der nächste und wohl gravierendste Begriff in der Kategorisierung des Alkoholismus. Der Kontrollverlust manifestiert sich schon während des Trinkens. Man steigert die Dosis relativ hemmungslos, um das Verlangen und die Gier nach der berauschenden Wirkung zu befriedigen. Der zweite Schritt des Kontrollverlustes ist dann die Folge: Lallen, unkoordinierte Bewegungen, heftige Gemütssprünge von aggressiv bis traurig-weinerlich-selbstmitleidig, das der Ohnmacht nicht unähnliche Einschlafen, egal wo man sich befindet. Und am nächsten Tag nicht nur der schwere Kater, sondern auch der berüchtigte »Filmriss«, die Amnesie – man erinnert sich an gar nichts mehr. Spätestens bei regelmäßigem Kontrollverlust ist man bei der umfassenden Alkoholkrankheit angelangt.

Angeschlagen und angezählt

Auf dieser schiefen Ebene vom Risiko- zum Problemtrinker und letztlich zur Abhängigkeit war ich nach zwei Jahrzehnten ORF unverkennbar auf der vorletzten Stufe angekommen. Ich brauchte den Wein. Ohne war ich unrund, irritierbar, ungeduldig und Stimmungsschwankungen unterworfen. Gerade zu dieser Zeit begannen ernste Probleme mit der Arbeit. Ein Versuch als Moderator bei Arte ging in die Hosen. Ich war einfach nicht gut genug. Aus privaten Gründen (zweite Ehe) von Paris nach Wien zurückgekehrt, hatte ich Mühe, meinen Platz zu finden. Zudem war die Stimmung im ORF schlecht. Es wurden gerade die ersten drastischen Kostensenkungs- und Sparmaßnahmen vorbereitet, mit Lohn- und Personalabbau. Betriebsrat, Redakteure und die anderen Mitarbeiter wehrten sich. Versammlungen, hitzige Debatten, Resolutionen und Konfrontation mit den Vorgesetzten standen auf der Tagesordnung. Ich engagierte und exponierte mich. Ich gehörte zu den Gründern der Internet-Plattform SOS-ORF, die in kurzer Zeit 80.000 Unterschriften erhielt – darunter von zahlreichen angesehenen Persönlichkeiten. Die in der Öffentlichkeit sehr präsente Bewegung richtete sich gegen den Einfluss der Politik, gegen den herrschenden autoritären Führungsstil, gegen den Qualitätsschwund der ORF-Sendungen, gegen die gesamte ORF-Führung. Doch die darauf folgende neue Führung war, wenn auch in anderer Hinsicht, noch enttäuschender als die vorige. In großen Teilen der Belegschaft machten sich Frustration und das Gefühl der Ohnmacht breit. Gestandene, bekannte und engagierte KollegInnen nahmen im Rahmen des Personalabbaus das Angebot zum Vorruhestand mit Handshake an. Andere gingen in die innere Emigration. So auch ich.

Aber sehr wahrscheinlich hätte ich diese problematischen Jahre besser gemeistert, wenn mich der Alkohol nicht schon geschwächt gehabt hätte. Ich war schlecht gerüstet. In der Konfrontation mit den Vorgesetzten reagierte ich häufig zu persönlich, zu emotional, oft besessen. Gegenüber geübten Taktikern der Macht gerät man damit sehr schnell ins Hintertreffen. Selbst gegenüber andersdenkenden KollegInnen konnte ich ausfällig werden, was meinen Argumenten keineswegs Überzeugungskraft verlieh. Manchmal wusste ich nicht mehr wohin mit meiner Frustration. Ausgeträumt war der Traum vom erfüllten Reporterleben, von der Anerkennung, vom Höhenflug. Vom erfolgsverwöhnten »Everybody's Darling« hatte ich mich zum frustrierten, missmutigen Zyniker gewandelt. Diese Unzufriedenheit musste natürlich gelindert, besänftigt, betäubt werden. Womit? Mit Alkohol.

Schwer in Mitleidenschaft gezogen wurde durch diese Entwicklung meine zweite Ehe. Obwohl ich längst Hilfe beim Psychotherapeuten gesucht hatte, konnte ich den Bruch der Beziehung nicht verhindern. Ein Bruch ohne Streit, aber dafür mit umso bittererer Trauer. Dazu kamen noch belastende Schicksalsschläge: schwere Krankheiten und Todesfälle in der Familie oder von mir nahestehenden Menschen, monatelang hilfloses Mitansehen des Leidens auf der Onkologie, der Kardiologie, der Geriatrie und der Demenzabteilung der Spitäler. Bis schließlich ich selbst dran war. Nach einer Routineuntersuchung beim Urologen lautete die Diagnose Krebs. Nicht Lungenkrebs infolge vierzig Jahren Rauchens, nicht Leberkarzinom oder eine Zirrhose wegen des Trinkens. Nein, das Immunsystem hatte an anderer Stelle »ausgelassen«.

Krankheit, Schicksalsschläge, Kontrollverlust und Kur

Der Schock saß so tief, dass ich als erste Reaktion jede Behandlung ablehnen wollte. Auf keinen Fall in einem Krankenhaus dahinsiechen, wie ich es soeben bei mir so wichtigen Menschen miterlebt hatte! Ich ließ mich doch überreden. Zum Glück, denn heute gelte ich als »nach menschlichem Ermessen geheilt«. Ich wusste nicht, dass heftige Bestrahlung kombiniert mit Chemotherapie nicht nur den Körper schwächt und auslaugt, sondern auch die Psyche vollkommen ins Wanken bringt, wie ein Erdbeben. Ich ließ die lange Therapie über mich ergehen. Ich kämpfte nicht, tat nichts dazu, um meine Selbstheilungskräfte zu mobilisieren. Ich aß nicht gesündere Kost als üblich, ich reduzierte das Rauchen nicht und ich trank auch nicht wesentlich weniger. Ich versank einfach in haltlosen Fatalismus und in eine tiefe Depression. Aus meiner Wohnung ging ich nur zu den Behandlungen, in die Tabaktrafik und in den Supermarkt – Strahlen, Zigaretten, Nahrung und Wein.

Als ich nach einem halben Jahr versuchte, die Arbeit zumindest langsam wieder aufzunehmen, erlitt ich schon bald einen Nervenzusammenbruch. Ich hatte Psychopharmaka und ein Anti-Alkohol-Medikament genommen und nur Stunden später doch getrunken. Dringende Einlieferung ins AKH. Dort stellte man mich mit einer mehrwöchigen, rein medikamentösen Behandlung wieder auf die Geleise. Und ich blieb abstinent. Drei Monate, mehr nicht. Zwecks Reportage auf Reisen, holten mich die jahrelang eingeübten Rituale ein: Airport, Taxi, Hotel – Minibar. Wenig später begab ich mich selbst auf eine sechswöchige Kur in eine Burn-out-Anstalt. Spezielle Behandlung meiner Sucht gab es keine, aber ich vermied, es vielen anderen Patienten gleichzutun und am Abend zum Heurigen zu pilgern. Diesmal wollte ich mich so stabilisieren, dass ich vielleicht eine Zukunft ohne Trinken schaffen würde – oder zumindest eine sehr lange Zeit. Und siehe da, es gelang. Offenbar war ich von meinem Niedergang seit der Krebserkrankung doch so beeindruckt, dass ich elf Monate ohne Alkohol lebte. Täglich viel Gymnastik, dreimal wöchentlich Yoga-Kurs, Radfahren, Schwimmen und noch immer Psychotherapie halfen. Halfen bis zu einem gewissen Punkt.

Rund um meinen sechzigsten Geburtstag zog ich Bilanz. Eigentlich konnte ich ja zufrieden sein. Körperlich ging es mir ausgezeichnet, obwohl noch immer das Damoklesschwert Krebs über mir hing und mich im Dreimonats-Abstand vor und nach jeder Kontrolle in der Tomografie-Röhre depressiv stimmte. Nicht so gut hatte sich hingegen mein seelischer

Zustand verändert. Ausgeglichener fühlte ich mich jedenfalls, schon allein weil ich morgens nicht mit einem Kater aufwachte und der Alkohol meine Depression nicht verstärken konnte. Vom ORF hatte ich mich auch verabschiedet. Den angebotenen Handshake mit Vorruhestand fand ich irgendwann doch verlockend. Jetzt beschäftigte ich mich als freier Journalist, ohne zu großen Stress und ohne Konflikte. Trotz alledem wollte sich jedoch kein Leichtigkeits- oder gar Glücksgefühl einstellen. Bei so viel Gesundheit und Vernunft hätte ich doch ein Rundum-Wohlgefühl empfinden müssen. Na ja, außerordentlich Aufregendes erlebte ich ja nicht, von Momenten der ehemaligen Lebensgier – ob sinnlicher oder geistiger Natur – ganz zu schweigen. Nicht der Besuch von Theater und Konzerten, ja nicht einmal die Vorstellung von Besuchen im Casino oder im Bordell konnten wie früher diese erregende Elektrisiertheit bewirken. Es ging eben alles so dahin, in geordneten Bahnen, ohne Auf und Ab. Nur eine Konstante hatte sich erhalten: die Melancholie. Eine gewisse Wehmut und depressive Stimmungen, wenn auch bei weitem nicht so heftig wie zu Trinkerzeiten, blieben ständige Begleiter. Auslöser war natürlich sehr häufig die Einsicht, dass mein aufregendes, mein aktives Leben irgendwie vorbei war. Dass ich älter, von der Krankheit geknickt und de facto in Pension war. Und was sollte jetzt das Ziel sein? Gesund leben und dann mit 70 oder 80 gesund sterben? Als ich diese Bilanz gezogen hatte, erledigte ich noch Haushaltsarbeiten, sah fern und legte mich schlafen.

Am nächsten Tag, nach Müsli-Frühstück und Dusche, spazierte ich ganz gemütlich zum Supermarkt und kaufte mir eine Flasche Wein. Er schmeckte gut, der Wein. Also trank ich noch zwei Tage, immer nur mäßig. Weil ich mich vor einem neuen Abrutschen fürchtete, hörte ich wieder auf – vierzig Tage lang. Und das war die Falle. »Siehst du, geht doch!« Man konnte ja doch kontrolliert trinken, auch wenn man einmal abhängig gewesen war! Ich trank wieder ein paar Tage lang, maximal eine Bouteille pro Tag. Dann verordnete ich mir wieder eine Pause. Zehn, zwölf Tage. Die Pausen wurden immer kürzer, die Trinkphasen immer häufiger und länger, die Menge des Weins größer. Nach weniger als einem halben Jahr war ich wieder dort, wo ich aufgehört hatte.

Der große Rückfall und das Glück des Sisyphus

Kontrolliert trinken ist für jemanden, der über Jahre viel und zu viel getrunken hat, eben nicht mehr möglich. Man hatte es mir von kompetenter Seite oft genug gesagt, aber bevor ich die Erfahrung am eigenen Leib gemacht hatte, hoffte ich, dass es nach langer Abstinenz vielleicht doch machbar sei. Trugschluss. Ich hatte die Rechnung ohne das Suchtgedächtnis gemacht. Die Neurochemie hat diesen Mechanismus in unserem Gehirn schon ziemlich genau erforscht. Die Reizübermittlung zwischen den Nervenzellen erfolgt über elektrische Impulse und Botenstoffe. Wenn wichtige Bedürfnisse wie Essen und Schlafen befriedigt werden, dann schüttet das Belohnungszentrum große Mengen des Botenstoffes Dopamin aus. Der Reiz wird als »wichtig« markiert, weil er Wohlbefinden verursacht. Weil der Alkohol zu Beginn ebenso Wohlbefinden beschert, führt dessen Konsum zu einer 200-mal stärkeren Dopamin-Ausschüttung als normal. Es werden weitere, sehr komplexe Prozesse ausgelöst. Für die Sucht ist jedenfalls ausschlaggebend, dass im Hirn der Alkohol, ja schon der Anblick eines Weinglases oder einer Weinflasche, als Wohlbefinden beschaffende Reize abgespeichert werden, wie auf einer Computerfestplatte. Und wie Gelerntes oder Erlebtes kann auch dieses Suchtgedächtnis nicht mehr gelöscht werden. Eine Folge davon ist außerdem, dass auch nach sehr langer Abstinenz bei einem Rückfall die Sucht nicht wieder bei null beginnt, sondern dort fortsetzt, wo sie unterbrochen wurde.

Ich hatte also nach einem Jahr wieder begonnen zu trinken. Damit ging es mir natürlich nicht gut. Da war das Gefühl, versagt zu haben. Das bedrückende schlechte Gewissen wechselte mit einer Art trotziger Stimmung: Ich habe doch alles versucht! Ich bin doch eigentlich recht tapfer gewesen! Warum ist es mir während der Abstinenz nicht besser ergangen? Dass auch eine lange Abstinenz in der Tat keine Garantie für dauerhafte Abstinenz ist, förderte mein Selbstmitleid und die Zweifel an der Wirksamkeit von Therapien. War ich doch während der ganzen Zeit wöchentlich bei meinem Therapeuten gewesen, der mich nach Kräften unterstützte. Als Konsequenz versuchte ich es einfach mit Beschränkung und Selbstdisziplin. Regelmäßige Trinkpausen von zwei bis zehn Tagen, mit Benzodiazepinen und Neuroleptika während der ersten Tage, um Entzugserscheinungen zuvorzukommen. Mehrmals im Jahr ging ich auf eigene Kosten zur Erholung in ein von Zisterzienserschwestern geführtes Kurhotel, in dem vor allem Entschlackungsfasten praktiziert wird. Die Ernährungsbeschränkung auf Suppen und gedünstetes Gemüse erleichterte die Abstinenz, begleitet von Schwimmen, Sport und Massagen – eine wirklich effiziente Methode, um sich körperlich und seelisch wieder aufzurichten. Nur verrichtete ich all diese Selbstentzüge nicht mit dem Ziel, das Trinken aufzugeben, sondern um mich so weit fit zu halten, dass ich weitertrinken konnte. Eine mehr als anstrengende Fahrt auf der Hochschau-bahn, die regelmäßig damit endete, dass ich morgens mit Brechreiz und zittrigen Fingern erwachte und möglichst bald den berüchtigten »Katerschluck« benötigte, um für den neuen Tag gewappnet zu sein.

Dieses Sisyphus-Spiel hielt ich fast drei Jahre lang durch. Es gelang mir allerdings keineswegs, dabei glücklich zu sein, wie das der französische Schriftsteller Albert Camus von Si-syphus behauptet, obwohl dieser ja unter größter Mühe un-aufhörlich den schweren Felsen einen Berghang hinaufrol-len muss, wissend, dass er sofort wieder zu Tal rasseln wird. Camus meint, Sisyphus habe gelernt, die Absurdität des Lebens und unseres Seins zu akzeptieren. Dieses »Aushal-ten des Absurden« mache ihn frei und glücklich. Offenbar bin ich kein »Held des Absurden«. Mich machte es weder frei noch glücklich, dass ich unter meinem Trinkzwang litt, dass ich jeden Morgen überlegen musste, wie ich es am bes-ten schaffe, den ganzen Tag über den nötigen Alkoholspie-gel zu sichern und dabei sozial halbwegs funktionstüchtig zu bleiben. Das ist anstrengend, weil es einen Großteil der vitalen Energie auffrisst.

Als mein eigener Fels wieder einmal tief in den Keller ge-rasselt war, entschied ich, mich doch noch einmal nach Hil-fe umzusehen. Ich suchte Professor Michael Musalek auf. Ich war ihm beruflich begegnet und war von seinem Kon-zept der »Orpheus-Therapie« (siehe letztes Kapitel) beein-druckt. Neugierig war ich auch, weil Musalek öffentlich mit der Aussage zitiert wurde, Abstinenz sei nicht immer das einzige Allheilmittel gegen Alkoholsucht. Ich fragte den Leiter des Anton-Proksch-Instituts also, ob er sich für mich eine gemischte Therapie vorstellen könne: Orpheus-The-rapie plus Verabreichung eines der beiden neuen Medikamente, die zur Reduktion des Trinkverhaltens beitragen sollen. Das eine heißt Baclofen und ist ein Muskelrelaxans, das seit langem bei Spasmen eingesetzt wird, das aber auch die Lust, Alkohol zu trinken, mindern kann. Das zweite – Nalmefen – wirkt auf die Opioid-Rezeptoren im Gehirn und hilft laut Studien, den Alkoholkonsum um bis zu 50 Prozent zu senken. Zu meiner Enttäuschung winkte Musalek entschieden ab. Ja, man könne auch ohne hundertprozentige Abstinenz vor Alkoholsucht bewahren, aber lediglich Patienten, die zwar viel oder zu viel trinken, die aber noch keine Abhängigkeit entwickelt hätten. Man könne also Risikotrinkern helfen, kontrolliert zu trinken, anstatt der Sucht zu verfallen. Dabei könne auch besonders eines der besagten Medikamente hilfreich sein. In meinem Fall komme das alles nicht mehr in Frage. Nach so langer Abhängigkeit gebe es für mich nur eines: Abstinenz. Für halbe Sachen sei er nicht zu haben, so Musalek, der mich gleich herzlich einlud, in »seine« Klinik zu kommen: Kalksburg.

Kalksburg: Endstation oder Anfang?

Die Diagnose hat mich getroffen. Ich war niedergeschlagen, am Boden. Die Aussagen des Professors waren zu eindeutig, unmissverständlich, ohne Erbarmen, um mir noch eine Hintertür offen zu lassen. Dabei ist es doch gerade das, was man als Süchtiger immer zu finden hofft – irgendeine Hintertür, irgendeinen Notausgang, nicht vor der Sucht, sondern vor dem Verzicht. Ich überlegte lange, kämpfte mit mir, wog ab und entschloss mich schließlich, auch weil mir mein Zustand längst zutiefst zuwider war. OK, acht Wochen Kalksburg. Dann wird man ja sehen, wie es mir geht und wie es weitergehen soll. Um neun Uhr früh musste ich mich in der am Stadtrand von Wien liegenden Klinik einfinden. Wie vor heiklen oder unangenehmen Situationen üblich, hatte ich mich auch an diesem Morgen mit ein paar Gläsern Wein eingestimmt. Die letzten Gläser, vorerst. Oder für immer?

Der Empfang war überraschend. Die PflegerInnen und ÄrztInnen waren allesamt ausgesprochen freundlich und entgegenkommend. Auch die TherapeutInnen, die sich später mit uns beschäftigten. Eine empathische Grundhaltung, die ich bis zum Schluss meiner Zeit in der Anstalt so erlebt habe. Sie hat die nicht immer einfache Kur um vieles erträglicher gemacht. Dafür bin ich bis heute dankbar.

1961 als »Trinkerheilanstalt« gegründet, ist Kalksburg mit mehr als 300 stationären Patienten die größte Suchtklinik Europas. Behandelt werden inzwischen neben Alkoholismus so gut wie sämtliche Süchte (Abhängigkeit von Nikotin, Medikamenten, illegalen Substanzen, Spiel, Computer etc.). Die Infrastruktur dieser Mischung aus Hospital, Internat und Kaserne leidet sichtlich unter den von der Gesundheitspolitik verordneten Sparzwängen. Die professionelle Qualität der vielfältigen Therapien scheint – zumindest noch – nicht davon betroffen, sieht man von gewissen Personalengpässen ab. Nach all meinen Erfahrungen mit Trinkpausen, versuchten Entzügen und psychotherapeutischer Betreuung war Kalksburg jedenfalls ein qualitativer Sprung. Der körperliche Entzug dauerte bei mir, wie schon bei meinen früheren Erfahrungen, lediglich ein paar Tage. Aber ich war noch nie in einer ausgesprochen spezialisierten Suchtklinik behandelt worden. Noch nie waren sämtliche Behandlungen und der gesamte Tagesablauf derart gezielt darauf abgestimmt, mein Bewusstsein zu schärfen für die Ursachen und Wirkungen der Sucht und die Möglichkeiten, ihr zu entfliehen. Ob Gruppentherapien, Vorträge, Einzelgespräche mit Therapeuten und selbst die Unterhaltungen mit dem Pflegepersonal – es war im besten Sinn des Wortes eine einzige Gehirnwäsche. Acht Wochen lang, täglich, von früh bis spät. Zur hundertprozentigen Immersion, zum vollkommenen Eintauchen in die Auseinandersetzung mit der Sucht, dienen schließlich die MitpatientInnen, das permanente Umgeben-Sein von Menschen mit dem gleichen oder einem ähnlichen Suchtproblem. Die Gespräche mit ihnen über ihre Schicksale, ihre misslungenen oder zeitweise auch geglückten Versuche, sich aus der Abhängigkeit zu befreien – diese Gespräche fördern nicht nur die Kenntnis der Sucht in all ihren Schattierungen, sondern auch die Selbstreflexion.

Mich hat die Begegnung mit vielen meiner MitpatientInnen zutiefst beeindruckt. Von ihnen habe ich viel gelernt. Deshalb habe ich mich entschlossen, dieses Buch zu verfassen. Ich habe mit einem Dutzend Personen ausführliche Gespräche aufgezeichnet, über ihre Sucht und ihr Leben. Ich habe dabei versucht, die Vielschichtigkeit der Suchtschicksale einzufangen, ohne Anspruch auf statistische Genauigkeit: Mann–Frau, Jung–Alt, Wohlbehütet–Arm, Trunksucht, Medikamentensucht, Heroin- und Kokainsucht, Mischsucht, Spielsucht ...

Professor Musalek hat mich zu dem Projekt ermuntert, weil er findet, dass unsere Gesellschaft Süchtige noch immer nicht als »Menschen wie du und ich« und als Kranke akzeptiert, sondern bestenfalls mitleidig auf sie herabsieht, Abhängigkeit noch immer als eine Frage der Charakterfestigkeit und Willensstärke betrachtet. Im letzten Kapitel dieses Buches gibt er Auskunft darüber, was Therapie heute kann und welche Fortschritte in der Forschung gemacht wurden.

Vom Alkohol zur Spielsucht

H. J. ist 60. Hagere Statur, das Haar und der gepflegte Bart sind ergraut, die Brille ist unauffällig, der Gesichtsausdruck in der Regel ernst. Begegnet bin ich ihm in der Bibliothek der Klinik, wo er Dienst versah. Mit seiner sonoren Stimme, freundlich und zurückhaltend, wirkt H. ruhig und gesund. Das hat seinen Grund. Die Sucht, wegen der er in Kalksburg ist, hinterlässt keine sichtbaren Spuren: Spielsucht. Mehr als zwei Jahrzehnte lang trieb es ihn in die Casinos und die Hinterzimmer einschlägiger Cafés. Trotz regelmäßiger Gewinne hat er seine gesamte Erbschaft in Millionenhöhe verspielt. Zum Spiel ist H. allerdings durch eine Suchtverschiebung gekommen, denn angefangen hat es mit Alkohol.

»Eigentlich hat das schon in der Jugendzeit begonnen, bei uns am Bauernhof. Da war das gang und gäbe, dass zur Jause mit Wasser verdünnter Most getrunken wurde. Als ich 14 war, haben wir den Stall umgebaut, und weil ich ›so brav‹ gearbeitet habe, wurde beschlossen: ›Jetzt bist ein Mann, jetzt darfst ein Bier trinken.‹ Da habe ich entdeckt, dass zwei, drei Bier ein großes Highlight sind, dass mir das Mut verschafft. Auch als ich mit 15 auszugehen begann, stellte ich fest, dass ich nach ein, zwei Bier mehr Mut hatte, ein Mädel anzusprechen, sie zum Tanz aufzufordern, anstatt zu befürchten, dass sie mir einen Korb geben könnte.«

Hart arbeiten wie ein Mann und viel trinken wie ein Mann, so gehörte es sich in seinen Augen. Besonders beim

Bundesheer war H. mit dieser Haltung keineswegs allein. »Da ist es dann schon sehr heftig geworden mit der Trinkerei und dem Ausleben meiner Räusche. Aber beim Bundesheer gab es eine gute Tarnung, da haben viele gesoffen. Da war ich halt einer von vielen. Im Nachhinein muss ich zugeben, dass ich zu denen gehört habe, die immer noch das berühmte Reiseachtel brauchten, während die anderen sagten ›nein, es geht nicht mehr, es reicht, ich mag nicht mehr‹. Schließlich bin ich aus dem Bundesheer aufgrund übermäßigen Alkoholkonsums unehrenhaft entlassen worden. Besoffen im Dienst, Wachvergehen, Degradierung, Streiterei mit höheren Vorgesetzten und dann eben unehrenhafte Entlassung.«

Da war H. 20. Er hatte sich für längere Zeit beim Heer verpflichtet, weil er den LKW-Führerschein angestrebt und auch erhalten hatte. Führerschein, der ihm schon ein halbes Jahr später abgenommen wurde, wegen Trunkenheit am Steuer. »Das hat mich nicht sonderlich gestört. Ich empfand das eher als eine Sache, die man braucht, um mitreden zu können. So ein Führerscheinentzug, der gehört einfach zum Leben.«

H. arbeitete dann zu Hause auf dem Hof, wollte aber eigentlich Fernfahrer werden. Hinaus in die Welt, in die freie Wildbahn! Das schaffte er auch, dank des Heeresführerscheins und obwohl er den Schein noch zweimal wegen Trunkenheit am Steuer abgeben musste. Da wurde ihm geraten, er möge sein Trinkverhalten doch einmal anschauen lassen. H. ging zum Arzt, zum Polizeiarzt, der einzige, den er kannte. Doch dieser meinte, dass der junge Mann zwar ein »etwas ungewöhnliches« Trinkverhalten habe, aber Alkoholiker sei er laut körperlichen Befunden nicht. Im Gegenteil: vollkommen gesund und fit sei er. H. trank weiter. Viel, zu viel.

»Ich habe es so weit auf die Spitze getrieben, dass ich schließlich einen schweren Verkehrsunfall verursacht habe. Das war 1984, am 17. Januar, in Deutschland. Da bin ich mit dem vollbeladenen Sattelschlepper auf der Autobahn auf eine stehende Autokolonne aufgefahren. Ich hatte 3,2 Promille im Blut. Es war ein Todesopfer zu beklagen ... außerdem Verletzte und großer Sachschaden.«

Der Schock war enorm. Ein teurer, aber auch ein heilsamer Schock. H. suchte die Anonymen Alkoholiker auf. Er hatte zufällig einen Radiobericht über sie gehört. Er geht auch heute noch wöchentlich zu den Treffen und hat nie mehr einen Tropfen Alkohol angerührt, seit 30 Jahren. Treu geblieben ist H. den Anonymen Alkoholikern aus Selbstschutz vor einem Rückfall und aus Dankbarkeit für die damalige Hilfe. Sie waren auch die Einzigen, die ihn im Gefängnis betreuten. »Ich bin damals vom Gericht zu 36 Monaten Haftstrafe verurteilt worden. Absolut zu Recht. Eigentlich hätte es eine höhere Strafe geben müssen. Absitzen musste ich letztlich 27 Monate.«

H. hatte unterdessen von seiner Mutter das Wirtschaftsrecht für Haus und Hof übernommen. Der Vater war an Tuberkulose verstorben, als H. zwei Jahre alt war. Weil entsprechender Besitz vorhanden war, verurteilte das Gericht H. auch zur Tilgung des Schadens, den er angerichtet hatte: 2,1 Millionen Schilling. Die Mutter entschied, eine bedeutende Waldfläche zu verkaufen, denn »die J.s machen keine Schulden«.

Seine 27-monatige Haftstrafe musste H. in einem Gefängnis in Deutschland verbüßen. Eine schwierige Zeit. Bis auf seltene Telefonate gab es keinen Kontakt zur Familie. Vor allem zu seiner Frau, die er 1981 geheiratet hatte, und zu den beiden kleinen Töchtern. Für Besuche war die Entfernung zu groß, aber auch schreiben wollte seine Frau nicht. In der Sechs-Mann-Zelle wie im gesamten Gefängnis war H. isoliert.

»Ich weiß nicht, wie es heute ist, aber damals wurdest du als Alko-Lenker fast wie ein Kinderschänder angesehen und behandelt. Man hat zu keiner Gruppe gehört, nicht zu den Räubern, nicht zu den Gewalttätern oder den Totschlägern. Die einen höhnten ›zu blöd zum Saufen‹, die anderen ›zu blöd zum Autofahren‹. Sogar die Wärter behandelten mich geringschätzig. Im Unterschied zu den »echten« Straftätern galt ich als verantwortungslos, weil ich gesoffen hatte, oder als Schwächling. Ich war und blieb ein Außenseiter. Entweder man zerbricht daran oder wird abgebrüht. Psychologische Hilfe war damals im Gefängnis ja nicht vorgesehen, zumindest nicht für Straftäter, sofern man nicht außerordentlicher Rechtsbrecher oder sowas war. Jedenfalls hatte ich viel Zeit, um über mich nachzudenken.«

Der Traum vom schnellen Geld durch Glück

Von seinem Gefängnisaufenthalt heimgekehrt, litt H. noch lange unter schweren Schuldgefühlen. Weil er den Tod eines Menschen, so viele Verletzte und riesigen Sachschaden verursacht hatte. Schuldgefühle auch gegenüber der Mutter, weil sie ein Leben lang für Haus und Hof geschuftet hatte und jetzt mitansehen musste, wie ein Teil davon verloren ging. Aber wie könnte er wenigstens den materiellen Schaden wiedergutmachen? Sicher nicht durch Arbeit.

»Ich saß mit Bekannten im Gasthaus. Alle redeten über einen großen Coup. Angeblich war es Gunther Sachs, der im Casino in Salzburg groß Hof gehalten und Unmengen

Geld gewonnen hatte. Und angeblich hatte er 14 Tage später im Casino von Spielfeld sogar die Bank gesprengt. Das ist bei mir total eingefahren. Ich sagte mir: ›Das mach ich jetzt auch.‹ Ich bin zur Bank gefahren und habe dreihunderttausend Schilling abgehoben. Denn mir war schon klar: Wenn, dann musst du einen ordentlichen Einsatz bringen, dann kannst du auch ordentlich gewinnen. Ebenso war mir klar, dass ich nicht gleich beim ersten Einsatz das 36-Fache erhalten würde, dass ich für häufigeres Setzen gerüstet sein musste. Und prompt habe ich diese dreihunderttausend Schilling in der einen Nacht verloren. Ich bin also nicht wie so viele Suchtspieler am Spiel hängengeblieben, weil es beim ersten Mal so super gelaufen ist, weil ich toll gewonnen hatte und das dringend wiederholen wollte. Nein, ich bin eigentlich von Anfang an meinem Minus nachgelaufen.«

Der Mutter blieben der erste und auch alle folgenden Spielverluste verborgen. Zur Bank musste man mit dem Auto, und wenn Geld gebraucht wurde, dann holte es der Sohn. Der hob allerdings regelmäßig für sich und seine Träume vom großen Spielgewinn ab: fünfzigtausend, siebzigtausend, zweihunderttausend.

»Nach anderthalb Jahren musste ich mir eingestehen: ›Scheiße, jetzt bist du da auch wieder süchtig!‹ Ich musste und wollte immer mehr und noch mehr spielen. Da hat der Selbstbetrug begonnen. Denn ich dachte mir stets, ich hätte einfach zu wenig Geld dabei. Mein Manko sah ich nicht in meiner Sucht, sondern darin, dass ich nie genügend Geld mithatte, um meine Einsätze zurückgewinnen zu können. Für mich stand fest, dass das Mindeste, das man braucht, um einmal etwas Ordentliches zu reißen, fünfhunderttausend Schilling sind.«

Die Bank akzeptierte die großen und regelmäßigen Abhebungen ohne Probleme. Der zum Hof gehörende Wald war zwölf Quadratkilometer groß. Da konnten lange Zeit Hypotheken aufgenommen werden. Von 1988 bis 1992 ging H. ausschließlich ins Casino. Er konnte auch die Casino-Leitung besänftigen, die H. wegen seiner häufigen Spielabende und Verluste zu einem Gespräch vorgeladen hatte. Doch dann entdeckte seine Frau, dass er spielte.

Sie war natürlich erschüttert, aber zugleich auch erleichtert. Hatte sie doch felsenfest angenommen, dass H. eine oder mehrere Geliebte hatte, ja vielleicht sogar eine andere Wohnung besaß. Wie hätten sich sonst seine langen und regelmäßigen Abwesenheiten erklären lassen? Schockiert war seine Frau trotzdem. »Sie konnte sich nicht vorstellen, dass man nüchtern ist und im Casino so viel Geld verspielt. Für sie wäre es verständlich gewesen, wäre ich rauschig gewesen. Na ja, betrunken, durchgedreht, weiß nicht, was er tut und so. Aber nüchtern – das war für sie ein absoluter Schock.«

H. ließ sich von seiner Frau überzeugen. Sie begleitete ihn ins Casino und er ließ sich sperren – für sämtliche Casinos in Österreich und für all jene in Europa, die mit den österreichischen Spielhäusern kooperieren. Der gute Wille war da, aber die Sucht war stärker. H. begann, verschiedene Kneipen und ihre Hinterzimmer zu frequentieren. Es waren geschlossene Zirkel, die Leute kannten einander, und es ging hoch her: Würfelspiel, Poker und mehr. Um mitspielen zu dürfen, musste man entsprechend viel Geld in bar vorweisen können. H. stieg sofort hoch ein, mit zweihundertfünfzigtausend Schilling. Er wollte die anderen beeindrucken. Er gewann eine kleine Summe. Wie sich später herausstellte, war es Taktik der anderen Spieler, um H. zu locken. Die

Würfel waren gezinkt. Auch in diese »Sparkasse« habe er ein halbes Jahr lang eingezahlt, sagt H. nicht ohne Ironie.

Zu dieser Zeit durfte H. wieder zur LKW-Führerschein-Prüfung antreten. Er schaffte die Hürde und begann wieder als Fernfahrer zu arbeiten. Das führte ihn durch ganz Europa und in den Osten, vom tiefen Russland bis nach Kabul in Afghanistan. Ganz neue Möglichkeiten und Chancen taten sich auf. In Frankreich, Deutschland und vor allem in Osteuropa gab es genug Spielhöhlen und Privatcasinos, in denen H. ungestört verkehren konnte. Da kam es dann schon vor, dass er ganze Nächte durchzockte: Roulette, Poker, Black Jack, auf Tischen mit schwindelerregenden Limits für den jeweiligen Einsatz – bis zu achtzigtausend des inzwischen eingeführten Euro. Um gegenüber seiner Firma die tagelangen Verspätungen zu rechtfertigen, täuschte H. schon mal eine Havarie vor. Da war dann eben eine Dieselleitung defekt und es musste auf das Ersatzteil gewartet werden. Oder dem Disponenten im Hamburger Hafen wurde »ein Tausender g'steckt«, damit er bestätigte, dass das Schiff, für das die Ladung bestimmt war, noch nicht angekommen sei. Von jederzeitiger Erreichbarkeit via Handy war vor 15 Jahren ja nicht die Rede. Trotzdem kostete dieses Doppelleben, das Lügen, Kaschieren und Tricksen, viel Energie. Um die inzwischen angehäuften Schulden zumindest teilweise auszugleichen, begann H. vermehrt zu pfuschen, Nebengeschäfte zu betreiben, während der Arbeitszeit. Als das aufflog, wurde er fristlos gekündigt.

Der Verlust der Arbeit war ein zweifacher Tiefschlag. Er traf H. nämlich, nachdem er sich erstmals einer Therapie unterzogen hatte und mit Hilfe einer Therapeutin auch einige Zeit abstinent, dem Spiel ferngeblieben war. Umso schlimmer der Rückfall.

»Ich war total entmutigt. Mich überkam das Gefühl, dass ich mir bei allem, was ich unternehme, letztlich selbst immer wieder ein Bein stelle. Plötzlich war mir alles egal, ich hatte es satt, gegen die Versuchung anzukämpfen, und entschied ganz bewusst: Ich geh jetzt spielen. Ich habe meine Frau angerufen, ihr gesagt, sie brauche nicht mit dem Essen zu warten, denn ich würde definitiv nicht nach Hause kommen, und habe aufgelegt, ohne ihr die Chance einer Antwort zu geben. Vier Tage lang blieb ich abgängig, ohne Lebenszeichen. Wieder zu Hause, bemerkte ich, dass sich etwas verändert hatte. Ich fühlte mich nicht mehr wohl, ich konnte nicht einfach so weitertun wie früher. Ich war ja auch schon so weit, dass ich mit nur eintausendfünfhundert Euro in der Tasche spielen gehen wollte. Das war früher ein absolutes No Go.«

Während der ersten Jahre seiner Spielsucht war die Hoffnung auf Gewinn, auf das große Geld, noch der starke Anreiz für H. Dann nicht mehr. »Irgendwann ist mir bewusst geworden, dass es mir gar nicht mehr ums Gewinnen geht, sondern nur ums Spielen. Das Gewinnen wurde zum angenehmen Nebeneffekt. Dann musste ich nicht schon wieder zur Bank um Kohle laufen. Außerdem wurde es zwischen Daumen und Zeigefinger ja auch knapp, das meiste Geld war dahin. Aber gefreut habe ich mich über Gewinne eigentlich nur, weil ich wieder Kapital, wieder Stoff hatte, um weiterzumachen. Natürlich hatte ich ein Hochgefühl, wenn ich gewann, aber ich hatte kein Tiefgefühl mehr, wenn ich verlor.«

Die Romantik des Spiels bröckelt

Auch aufgrund der Erkenntnisse und der Selbstreflexion während seiner ersten Therapie gestand sich H. schließlich ohne Umschweife ein, dass seine Sucht eine Krankheit ist. Spätestens nach dem schweren, vier Tage andauernden Rückfall reifte bei H. die Einsicht, dass er wieder therapeutische Hilfe brauchte, dass er nicht einfach weiterspielen konnte. Dazu hatte er nicht mehr das Geld, aber auch der Selbstbetrug wollte nicht mehr so recht gelingen. Es wurde ihm nach und nach auch klarer, was er suchte. »Letztendlich suchte ich die gleiche Käseglocke wie damals beim Saufen. Es ist ein Ausstieg aus der realen Welt. Ich leb dort. Das ist wie meine Heimat. Obwohl ich wirklich eine schöne Wohnung habe, auch nach meinem Geschmack eingerichtet, wirkt sie auf mich kühl, kalt. Spiellokale, das Verrauchte, das düstere Licht und alles – das ist die Heimat. Sobald ich da reingehe, weiß ich, da gehör ich der Katz, da hat sie mich in den Krallen. Ich kann nicht hineingehen, nur um zu schauen. Das funktioniert nicht.«

Von 1988 bis 2015 hat H. insgesamt 5,3 Millionen Euro verspielt. Auf Drängen seiner Frau wurden zumindest rechtzeitig komfortable Rücklagen für die beiden Töchter und eine gemeinsame Wohnung sichergestellt. Auch seine Rolle als Familienvater nahm H. ernst, an den Wochenenden. Die Familie blieb erhalten.

Jetzt ist H. dabei, gemeinsam mit zwei weiteren Ex-Spielern und mit Unterstützung des psychosozialen Dienstes eine Selbsthilfegruppe für Spielsüchtige in seiner Heimatstadt zu gründen. Schon seit Langem tritt er als Zeuge bei Veranstaltungen zur Alkoholprävention in Autofahrschulen auf, um von seiner folgenschweren Erfahrung mit Alkohol am Steuer zu erzählen. Für sich selbst und als Vorbeugung vor einem neuerlichen Rückfall in die Sucht hält sich H. an die in mehrmonatiger stationärer Therapie gewonnene Erkenntnis: »Die Erkenntnis, dass ich als erstes ein Stück Zufriedenheit mit mir selbst erlangen muss. Auch wenn man es von außen vielleicht nicht so gemerkt hat, mein Selbstwert war immer unter dem Teppich. Ich hatte immer das Gefühl, im Leben eigentlich nichts geschafft zu haben. Im Gegenteil: Du hast nur verjubelt, nur in Saus und Braus gelebt, nach dem Motto darf's a bisserl mehr sein. In der Therapie habe ich verstanden, dass ich auch einmal liebevoll mit mir umgehen darf. Ich muss nicht, aber ich darf. Bisher galt lieb sein nur gegenüber meiner Frau und den Kindern, aber doch nicht mir selbst gegenüber. Die hatten es verdient, weil sie alle meine Höhen und Tiefen mitgemacht und ausgehalten haben. Mich sollte ich hingegen nur geißeln nach all dem, was ich angestellt habe. Die Therapie hat mich gelehrt: Du darfst dich auch einmal loben, du darfst dir auch eine Streicheleinheit gönnen. Eine große Erleichterung war auch, dass mir immer wieder vermittelt wurde, dass ich krank bin. Natürlich bin ich verantwortlich dafür, wie ich mit der Krankheit umgehe, dafür, dass ich alles tue, um abstinent zu sein. Deshalb ist die Nachbetreuung so wichtig. Ebenso wichtig wird es sein, dass ich gegenüber meiner Partnerin, meiner Frau, aufrichtiger zu mir selber stehe, und nicht um des Friedens willen immer nur Ja zu allem sage wie bisher. Das könnte vielleicht dazu führen, dass ich mich daheim so wohl fühle wie früher in der Spielhöhle, dass es zu Hause nicht mehr kalt ist.«

Trauriger Rekord

Sie hielt den traurigen Rekord in der Frauenabteilung von Kalksburg: 15 bis 20 »Benzos« pro Tag. Benzodiazepine zu 50 mg. Eine Dosis, die selbst ein Pferd umbringen würde. Natürlich hat M. Sch. nicht mit 1000 mg pro Tag begonnen. Sie hat die Tablettenmengen langsam, allmählich gesteigert, immer dann, wenn es ihr besonders schlecht ging, und immer dann, wenn die Wirkung des Medikaments nicht mehr stark genug war. Angstlösend, spannungslösend und beruhigend steht auf dem Beipackzettel. Anwendung: bei psycho-vegetativen und psychosomatischen Störungen, d. h. Störungen oder Erkrankungen psychischer Ursache. Ein Tranquilizer. Ab einer Tagesdosis von 50 mg sollte eine stationäre Überwachung erfolgen, rät der Hersteller und warnt davor, dass bei länger andauernder Einnahme sowohl »Toleranz« (Abnahme der Wirkung) als auch Abhängigkeit eintreten, wie bei allen »Benzos«. Insbesondere bei Patienten mit Alkohol-, Arzneimittel- oder Drogenmissbrauch in der Vorgeschichte sei die Abhängigkeitsgefahr erhöht.

Eine solche Vorgeschichte hat M., und zwar seit frühester Jugend. Eine erlittene Jugend, zu Hause und in der Schule. »Unser Lehrer hat mich andauernd heruntergemacht, hat mich beschimpft, richtig gemobbt. Ich sei ein Nichts, lernunfähig und dumm, ein Trottel. Einmal ging er so weit zu sagen, man sollte mich in einen Graben werfen, dann könnten meine Mitschüler auf mich spucken. Ja! Die gesamte Klasse hat gelacht. Dieses Gelächter habe ich heute noch in den Ohren. Wenn der Lehrer mich an die Tafel rief, schickte er gleich voraus, dass er ohnehin sicher sei, dass ich nicht gelernt hätte und nichts wisse. So ging das regelmäßig und so lange, bis ich selbst überzeugt war: ich bin ein Trottel.«

Zu Hause konnte M. keinen Trost, kein Verständnis, keine Unterstützung erwarten, im Gegenteil. Der Vater war selten da. Er arbeitete auswärts, in Tirol. Die im Alter von 32 Jahren fast zur Gänze erblindete Mutter hat M. nur als bedrohliche und gewalttätige Zuchtmeisterin in Erinnerung. »Sie hat immer nur geschimpft und mich geschlagen. Mit dem Gürtel hat sie mich immer geschlagen, aber mit der Schnalle. Sie hat richtig auf mich eingedroschen, immer wieder. Wenn ich konnte, habe ich mich im Klo eingeschlossen und mein älterer Bruder hat mich oft beschützt. Da haben wir uns dann ins Kinderzimmer eingeschlossen.« Der Bruder und auch die ältere Schwester wurden nicht so geschlagen, nur M. Dabei war sie immer ein stilles, eingeschüchtertes Mädchen, keineswegs rebellisch. Jetzt, nach so vielen Jahren, hat die heute 46-jährige M., ermuntert durch die Traumatherapie in Kalksburg, die Mutter konfrontiert, sie nach dem Grund für die viele Gewalt gefragt. Sie wisse es selbst nicht, so die Antwort. Sie sei selbst von ihrer Mutter andauernd geschlagen worden, habe von ihr nie die geringste Liebe erfahren. Das habe sich wohl übertragen.

Unter diesem absoluten Liebesmangel litt auch M. und kompensierte ihn durch Traumfantasien. »Als siebenjähriges Kind lag ich auf der Couch und stellte mir meinen eigenen Tod vor. Richtig ausgemalt habe ich mir das. Ich sah, wie der Sarg ins Grab gelassen wird und wie meine Mutter am Grab steht und weint. Dabei hab ich mir vorgestellt, wie die Mutter sagt, ›Mah, jetzt gibt es sie nicht mehr, ich hab sie ja doch geliebt‹. Dann sagte ich mir innerlich: ›Ja, siehst du, warum hast du mich immer geschlagen? Jetzt fehle ich dir doch.‹«

Mit Alkohol um einen Kopf größer

Mit dreizehn begann M. mit dem Alkohol. Zuerst gelegentlich, dann regelmäßig. »Wenn wir in der Gruppe waren, mit Freundinnen und Schulkollegen, dann wurde getrunken. Und weil die alle getrunken haben, musste man eben auch, um zu beweisen, dass man wer ist. Gleich einen doppelten Schnaps. Meist gingen wir ins Kino und ich hab oft den ganzen Film verschlafen. Schon bald gaben wir jedes Wochenende Vollgas. Mit Alkohol war ich plötzlich wer. Ohne zu trinken war ich ein kleines, graues Mäuschen, das es nicht wagte, etwas zu sagen oder zu tun. Kaum hatte ich getrunken, war ich einen Kopf größer. Mir geht's gut, ich bin stark, ich schaffe eh alles – so fühlte ich mich dann.«

Daheim trank nur der Vater, wenn er da war. Er ist Spiegeltrinker, bis heute. Daran habe sich die Familie gewöhnt, meint M. Sie habe als Kind und Jugendliche dadurch den Eindruck gewonnen, dass das Leben mit Alkohol leichter sei. Nach der Pflichtschule zog M. von Zuhause aus, weil sie den Stress, die Spannungen und die Gewalt nicht mehr ertrug. Auch die »Poly«, das einjährige Polytechnikum zur Berufsgrundbildung, hatte M. nicht das Selbstwertgefühl vermitteln können, um eine Lehre oder Ausbildung in Angriff zu nehmen. Sie hatte nie gelernt, wie man lernt. Also ging sie putzen. Jetzt war sie fünfzehn und Reinigungskraft. Und damit das Leben leichter zu ertragen war, begann sie immer häufiger zu trinken, selbst bei der Arbeit. Zu den mäßig aufregenden Freizeitabenteuern, die die österreichische Provinz zu bieten hat, gehörte Alkohol ohnedies fix dazu.

Der Schicksalsschlag

Wenig Glück hatte M. auch in ihrer ersten Ehe. Zuerst sah es so aus, als sollte ihr Kinderwunsch nicht und nicht in Erfüllung gehen. Nach drei Fehlgeburten schien die Schwangerschaft dann endlich regulär zu verlaufen. Doch einen Tag vor der Entbindung teilten die Ärzte des Krankenhauses in Salzburg den Eltern mit, es gebe Probleme. Das Mädchen sei nicht gesund. »Sie haben mir erklärt, sie habe einen Wasserkopf und werde behindert sein. Einen Tag vor der Geburt. Die hätten das sehen müssen. Ich war ja regelmäßig zum Ultraschall gegangen und habe aufgrund meiner drei Fehlgeburten alle Untersuchungstermine gewissenhaft eingehalten. Aber meistens waren es Assistenzärzte, die das gemacht haben, und sie erkannten nicht, dass meine Tochter einen Gehirntumor hat. Der ist vom ersten Monat an im Bauch mitgewachsen. Das war ein furchtbares Trauma für mich, furchtbar. Ich bin dann jeden Tag ins Krankenhaus gefahren, 120 Kilometer hin und 120 retour, um sie zu stillen, um bei ihr zu sein, mit ihr spazieren zu gehen, mit einem Schleier über dem Kinderwagen wegen des Wasserkopfes. Ich wollte auch bis zum Schluss nicht einsehen, dass sie sterben muss. Ich hätte sie auch als Behinderte geliebt, es war ja mein Kind.« Es gelang nicht, den Gehirntumor erfolgreich zu behandeln. Das behinderte Mädchen starb ein Jahr nach der Geburt.

Hatte M. während der Schwangerschaft und während sie ihre Tochter stillte nicht getrunken, so griff sie danach umso verzweifelter zur Flasche. Sie fiel in eine tiefe Depression. Auf die Idee, psychologische Hilfe zu suchen, kam sie nicht. Auch ihr Hausarzt sah dafür offenbar keine Notwendigkeit. Jedenfalls hat er es ihr nie empfohlen. M. war mit ihren Problemen sich selbst überlassen. Ihr Ehemann war LKW-Fahrer, »Bierausführer«, acht Jahre älter als M. Das Drama mit dem behinderten Kind, aber auch die Depression und M.s starkes Trinken belasteten ihn und die Ehe. Er reagierte zusehends mit Ablehnung und Gewalt. M. war plötzlich in ihre Kindheit zurückversetzt. Und wieder sollte es jahrelang so gehen, selbst nach der diesmal geglückten Geburt eines Sohnes. »Von wegen großer Liebe. Mein erster Mann hat mich auch andauernd geschlagen. Der hat mich verprügelt, bis ich am Boden lag, und dann hat er noch immer auf mich eingedroschen. Das war so schlimm, dass sich mein vierjähriger Sohn, der das mitansehen musste, weinend übergeben hat. Solche Angst hatte er. Aber trotzdem bin ich von dem Mann nicht losgekommen. Ich kann nicht allein sein, das Alleinsein macht mich krank.«

Der Sohn reagierte seinerseits mit auffallenden psychischen Symptomen. In der Nacht litt er unter Albträumen, schrie im Schlaf und war vollkommen verstört. Als er sieben war, schickte ihn die Mutter zwei Jahre lang zu einer Psychologin. Danach ging es ihm besser. Nicht so M. selbst. Nach Beratung durch eine Psychologin und einen Psychiater wurde sie wegen Suizidgefahr in die Christian-Doppler-Klinik in Salzburg eingeliefert. »Dort haben sie mich ein Dreivierteljahr lang stationär behandelt. Ich hatte mir ja die Pulsadern aufgeschnitten und musste genäht werden. Ein anderes Mal war ich total fertig, hab Schnaps getrunken und mich auf ein Bahngleis gestellt. Ich wollte, dass der Zug Schluss macht mit mir. Die Polizei hat mich wieder in die geschlossene Anstalt in Salzburg gebracht. Dort wurde ich dann erstmals mit ›Benzos‹ behandelt, mit Psychopax-Tropfen und mit Anxiolit. Die Medikamente wurden dann immer stärker und immer mehr.«

Neuer Mann und neues Wundermittel

Zu dieser Zeit ist M. ihrem jetzigen, wesentlich älteren Ehemann begegnet. Er liebte sie, war fürsorglich, half ihr, eine eigene Wohnung zu finden und einzurichten. Jetzt gab es jemanden, der verlässlich für sie da war. Das gab M. die Kraft, sich von ihrem Ex-Mann zu lösen, die Scheidung einzureichen und die Übersiedlung nach Wien vorzubereiten. Ein Wechsel in einen sicheren Hafen, auch in sozialer Hinsicht, denn ihr zweiter Mann ist gut situiert. Erst im Zusammenleben realisierte dieser allerdings das ganze Ausmaß von M.s Alkoholsucht. »Es ist so weit gekommen, dass ich, wenn ich getrunken hatte, meinen Mann geschlagen habe. Nachdem er mich nicht geschlagen hat, dachte ich, wenn ich ihn schlage, wird er auch mich schlagen, denn ich verdiene es ja, geschlagen zu werden. Das muss so sein. Ich bin ja von meiner Mutter geschlagen worden, von meiner Oma, von meinem Ex-Mann – alle haben mich geschlagen. Aber wenn ich auf meinen Mann losgegangen bin, ist er einfach nur dagestanden, ohne zurückzuhauen. Das hab ich nicht verstehen können, ich hatte ja grad was Böses gemacht. Aber nein, er hat nie zurückgeschlagen. In so einer Verfassung war ich.«

Diese Zustände wurden für M. oft gefährlich. Nach Stürzen auf der Treppe und anderen Missgeschicken war sie wieder am Rande des Suizids. Sie stand schon am Geländer des Wintergartens in ihrem Haus, um sich hinunterzustürzen. Ihr Mann rettete sie und die Polizei brachte M. zum wiederholten Mal auf die Psychiatrie ins Otto-Wagner-Spital. Dort kam sie wieder in die »Geschlossene«. Der Ehemann stand weiter zu ihr, machte aber Druck und drängte zu einem Entzug. M. ging das erste Mal nach Kalksburg. Das war vor 16 Jahren.

Eine Therapie mit Erfolg. Bis heute ist sie abstinent, trinkt keinen Tropfen. Aufgrund der gravierenden psychischen Probleme, die M. unabhängig von der Alkoholkrankheit seit frühester Jugend begleiten, empfahlen die Ärzte einen anschließenden stationären Aufenthalt im psychiatrischen Krankenhaus Ybbs. Eine sehr häufige Maßnahme, um die tieferen Ursachen der verschiedenen Suchterkrankungen zu ergründen und zu behandeln. Diese Therapie hat M. jedoch selbst vermasselt. Sie ließ sich zum heimlichen Konsum von Amphetaminen verführen, um die Müdigkeit und die Niedergeschlagenheit zu bekämpfen. Amphetamine – in der Drogenszene Speed genannt – wirken stark stimulierend, aufputschend bis euphorisierend. Die Klinikleitung hat M., wie in solchen Fällen üblich, unverzüglich hinausgeworfen. »Ich bin eine Person, die schnell etwas schluckt. Erhalten habe ich die Amphetamine von meiner Zimmerkollegin. Die war selbst Krankenschwester, noch dazu auf der Baumgartner Höhe, also der Otto-Wagner-Psychiatrie in Wien, aber in Ybbs in Behandlung, und ihr Vater war Arzt. Irgendwie hatte die Zugang zu allen möglichen Medikamenten.«

In Ybbs wurde M. unter anderem mit dem starken Benzodiazepin Praxiten behandelt. Während vieler, langer Jahre sollte dieser Tranquilizer das neue Suchtmittel für M. werden. Zu Beginn wurde das Medikament von Ärzten im

Zuge der ambulanten Behandlung verschrieben, dann fand M. andere Wege, um sich das neue Wundermittel zu verschaffen. »Mit dem Praxiten wurde alles so leicht. Ich hatte in diesen Momenten keine Sorgen, im Gegenteil, richtige Glücksgefühle. Wenn die Wirkung nachließ, brauchte ich nur neue Tabletten zu nehmen und schon ging es mir wieder gut. In diesem Zustand wurde ich wahnsinnig aktiv und wollte hundert Sachen auf einmal machen. Da hatte ich gleich wieder Lust zu reiten und zahllose neue Dinge in Angriff zu nehmen. Am nächsten Morgen war ich wieder down. Also nahm ich sofort ein paar Tabletten und alles war wieder gut.«

Anfangs nahm M. vier bis fünf Tabletten zu 15 mg, steigerte die Dosis aber zusehends auf eine 20er-Packung pro Tag. Also stieg M. gleich auf 50-mg-Tabletten um, fünf am Tag. »Das hat sich aber immer weiter gesteigert. Weil mir die Ärztin keine größeren Mengen verschrieben hat, kaufte ich sie auf dem Schwarzmarkt, am Praterstern. Dort bekommt man ja alles. Drogen natürlich, aber auch Substitutionsmittel wie Methadon, Amphetamine und eben auch Praxiten, um 40 Euro die Schachtel. Und weil ich irgendwann schon zwischen 15 und 20 50-mg-Tabletten brauchte, um den Tag bewältigen zu können und um mein Glücksgefühl zu retten, gab ich im Monat bis zu 1000 Euro dafür aus.«

Diesmal will ich es wirklich schaffen

Um die Müdigkeit infolge der dämpfenden Wirkung der hohen Praxiten-Mengen auszugleichen, trank M. sieben bis zehn Red Bull am Tag. Den Ehemann belog sie. Die Müdigkeit und das ständige Wanken stamme von den anderen Medikamenten, die ihr die Ärztin abwechselnd gegen die Depression, gegen die bipolare Störung, gegen manische Zustände, gegen Panik und gegen Schlaflosigkeit verschrieb: Seroquel, Lyrica, Trittico, Dominal, Gladem oder Abilify. Sehr lange konnte M. ihrem Mann den Medikamentenmissbrauch verheimlichen, nicht ohne quälendes schlechtes Gewissen. Er freute sich, dass sie wieder aktiv war, dass sie täglich mit ihrem Pferd in der Prater Hauptallee ausritt und anscheinend nicht sonderlich litt. Selbst überraschende und kostspielige Spontanhandlungen verzieh er verständnisvoll. »In meinem Praxiten-Rausch bin ich mit meinem Trainer nach Münster geflogen und habe ein zweites Pferd gekauft. 28.000 Euro hat das gekostet. Mein Mann war zwar schockiert, aber nachdem ich den Kaufvertrag unterschrieben hatte, bezahlte er und das Pferd war in einer Woche da.«

Der so hoch dosierte Psychopharmaka-Cocktail hatte auf Dauer körperliche und psychische Folgen. Der Schein, dass es M. eigentlich gar nicht so schlecht gehe, war nicht mehr aufrechtzuerhalten. Wieder bewegte ihr Mann sie zum Entzug, wieder in Kalksburg, diesmal »Benzo«-Entzug. Ein Entzug, der unvergleichlich schwieriger und schmerzhafter ist als ein Alkoholentzug. Er kann bis zu sechs Monaten dauern und die Entzugssymptome sind zum Teil schwer erträglich. »Die ersten drei Wochen waren total grässlich. Dauernd dieses wilde Herzrasen, dann bekam ich keine Luft und konnte nicht einmal meinen Speichel schlucken. Ich saß bei der Frau Doktor und konnte einfach nicht mehr sprechen, weil ich nicht schlucken konnte. Dazu Zittern und permanentes Schwitzen. Jetzt weiß ich, was Panikzustände sind, so extrem hatte ich das nie zuvor erlebt. Dann bin ich in der Klinik die Treppe hinuntergestürzt und musste ins Spital wegen Bänderriss. Schrecklich. Nach einer Woche wollte ich die Therapie abbrechen. Ich hatte das Gefühl, ich kann meinen Körper nicht mehr ertragen. Ich wollte nur noch nach Hause. Doch mein Mann hat mir täglich zugeredet, mich motiviert und gemeint, jeder einzelne Tag, den ich es aushalte, lohne sich.«

Es hat sich gelohnt. Es war auch für mich deutlich sichtbar, wie sich M. in den acht Wochen, die wir gemeinsam in Kalksburg verbracht haben, zum Positiven verändert hat. Anstatt sich mit starrem und leerem Blick, offenem Mund und geschwollenen, farblosen Lippen in Zeitlupe unsicher durch die Gänge oder den Park zu schleppen, hatte sie wieder Energie und eine gewisse Vitalität. Sie konnte wieder lächeln, in der Raucherecke mit den anderen Patienten plaudern und sich dabei auf das Gesagte konzentrieren. Sie war noch immer rekonvaleszent, aber doch eine gut aussehende Mitvierzigerin, die wieder Mut gefasst hat. »Es gibt hier so viele Menschen, die, wenn sie aus der Klinik rausgehen, völlig alleine sind und nichts haben. Keine Beziehung, keine Arbeit, keine Wohnung, gar nichts. Ich hab alles. Ich hab meinen Mann, ich hab einen Sohn, ich habe dazu seine zwei Söhne aus erster Ehe, eine Familie. Und ich hab eine super eingerichtete Eigentumswohnung, ich hab ein Pferd, einen Hund, keine Schulden – und trotzdem habe ich gesoffen und ›Benzos‹ geschluckt. Mein Mann hat meine sämtlichen Krisen mitgemacht, er steht zu mir. Er meint, wenn ich nicht trinke oder ›Benzos‹ schlucke, habe ich gute und liebe Seiten und Eigenschaften. Er sagt, dass er mich liebt und bei mir bleiben will. Jetzt will ich meinem Mann beweisen, dass ich auch ohne Trinken, ohne ›Benzos‹, ohne irgendwas leben kann. Deswegen möchte ich es diesmal wirklich schaffen, für mich und für meine Familie.«

Die Hölle in mir

M. K. ist einunddreißig, wirkt jedoch wesentlich jünger. Das liegt nicht nur am Aussehen. Sie ist sehr schlank, mittellanges, aschblondes Haar, blaue Augen. Selbst wenn sie ernst oder gar bedrückt ist, sieht man ihr das nicht an, sie trägt das nicht im Gesicht wie viele andere Patienten und Patientinnen in Kalksburg. Häufig wirkt sie unbeschwert, sogar lustig, und lächelt viel. In Gesprächen kommt dann dieses Jugendhafte zum Vorschein, mal spitzbübisch, eigentlich spitzmädisch, mal verlegen lachend, immer leicht flirtend mit ihrer Umgebung, mit Männern besonders. Zur stationären Behandlung kam sie wegen Alkohol- und Tablettenmissbrauchs – Benzodiazepine.

Ihre Geschichte ähnelt der von vielen Patienten in der Klinik. Schon als Jugendliche begonnen zu trinken, beim Fortgehen mit Freunden. Weil der Alkohol hilft, sich sicherer zu fühlen, die Schüchternheit zu überwinden, Kontakt herzustellen, nicht allein zu sein. Und wie für so viele bekam der Alkohol mit der Zeit eine andere Funktion: Sie trank nicht mehr nur in Gesellschaft. »Das mit dem Alleine-Trinken fing erst vor drei, vier Jahren an. Ausgelöst durch extrem schreckliche Beziehungserfahrungen, durch extrem erlebte Einsamkeit und Isolationsgefühle. Wenn ich trank, ging es mir besser. Deshalb sage ich immer noch, der Alkohol hat mich in gewissen Situationen, in denen es mir wirklich sehr schlecht ging, gerettet. Zugleich hat er mich hierher gebracht. Ich wusste immer, dass ich einen Preis zu bezahlen habe, dafür, dass es mir besser geht. Vor allem in den letzten zwei, drei Jahren hatte ich das Gefühl, dass ich ohne Alkohol gar nicht mehr stabil stehen kann, gehen kann, weitermachen kann. Deshalb habe ich begonnen, auch heimlich zu trinken, für mich. Sogar vor der Arbeit brauchte ich oft schon ein, zwei Gläschen. Ich hatte große Angst vor der Arbeit, manchmal richtige Angstzustände. Da kamen dann die Pillen dazu, vor drei Jahren. Die hat mir die Hausärztin verschrieben. Sie wusste, dass ich in Therapie bin und unter sehr großen Anspannungszuständen leide, und meinte, Xanor sei eine sehr gute Möglichkeit, diese Spannungen bei Bedarf zu lösen. Man fühle sich einfach gut damit. Das werde ich nie vergessen, wie sie diesen Satz gesagt hat. Ob anstatt Alkohol oder dazu – die Pillen wurden zu meinem täglichen Begleiter.«

Die Pillen haben mich verändert

So schlitterte M. in eine äußerst folgenreiche Mischabhängigkeit. Da ein Prosecco, dort ein Champagner und regelmäßig Wein – sechs bis zehn Gläser pro Tag, manchmal noch ein Grappa drauf. Und je nach Situation, Gemütsverfassung und Leidensdruck ein bis vier Tabletten dazu. In ihrem legendären Hit »Mother's Little Helper« haben die Rolling Stones schon 1966 den aufkommenden Trend, zu Beruhigungsmitteln zu greifen, und die ambivalente Rolle der »little yellow pill«, der kleinen gelben Pille, als Helfer einer überforderten Frau thematisiert. Dass Benzodiazepine unter Umständen das Gegenteil der erhofften Hilfe bewirken können, musste auch M. erfahren. »Die Pillen haben meine Persönlichkeit verändert. Sie haben mich unberechenbarer gemacht, streitsüchtig, und ich hatte ständig das Gefühl, dass mir jemand folgt. Solche paranoiden Tendenzen, die ich schon früher gekannt hatte, traten wieder verstärkt auf. Vor allem war ich dauernd benebelt, nie ganz klar. Ich kam mir irgendwie verrückt vor … aber auch schön eingebettet, schön weich umhüllt. Schließlich bekam ich die Nebenwirkungen zu spüren oder sogar die umgekehrte, entgegengesetzte Wirkung. Das, was die Experten die paradoxe Wirkung nennen. Nach der Einnahme geht's einem gut, man wird ruhig, die Angst löst sich. Manchmal ist man sogar euphorisch, vor allem gepaart mit Alkohol. Wenn aber die Wirkung nachlässt oder wenn man eine zu hohe Dosis schluckt, kann die Umkehrwirkung eintreten. Man bricht völlig zusammen, bis hin zum Kollaps. Ist mir auch schon passiert. Da bin ich auf der Straße nach einem Abend mit Tabletten und Alkohol zusammengeklappt, kollabiert, die Beine waren einfach weg. Es war, als hätte ich K.O.-Tropfen genommen. Einen Filmriss hatte ich auch, ich konnte mich im Nachhinein an gar nichts mehr erinnern.«

Sie habe mit niemandem über ihre neuen Abhängigkeiten gesprochen, weil sie niemanden hatte, dem sie sich hätte anvertrauen können, sagt M. Die Arbeit als Sekretärin in zwei Rechtsanwaltskanzleien diente lediglich dem Gelderwerb, soziale Bindungen entstanden dort nicht. Sie hasste diese Arbeit. Einmal kündigte sie, einmal wurde sie gekündigt, weil eine andere Mitarbeiterin aus der Karenz zurückkam.

Ihre Familie lebt in Süddeutschland. Sie hat so gut wie keinen Einblick in das Leben von M. Über ihre Probleme zu reden, vermied und vermeidet sie, gibt sich lieber unbelastet, spielt Theater. Ihr Studium der vergleichenden Literaturwissenschaft, mit Philosophie und Psychologie als Nebenfächern, hat sie vollkommen vernachlässigt. Ihre Arbeit diente als glaubhafte Ausrede. »Im Grunde konnte ich mich nicht konzentrieren, ich hatte das Gefühl, eine Versagerin zu sein. Ich konnte nicht eine einzige Seite einer einfachen Proseminar-Arbeit schreiben, was jeder schafft und was ich früher auch geschafft habe. Im Grunde geht es mir bis heute so.«

M. ist gebildet, intelligent und aufgrund ihrer seelischen Leiden zwangsläufig gewohnt, sich mit sich selbst auseinanderzusetzen. Sie musste sich eingestehen, dass ihr Trinken und der Tablettenkonsum alle Züge der Sucht angenommen hatten. Doch sie habe eher damit kokettiert, es heruntergespielt und es mit Selbstdisziplin versucht. Nicht am Morgen trinken, die Pillen nicht zu häufig schlucken, den Alltag aufrechterhalten. Das konnte die Talfahrt jedoch nicht stoppen. »Der letzte Sommer war der schrecklichste meines Lebens. Es ging mir auch körperlich immer schlechter und ich wusste, ich bin jetzt an einem toten Punkt, beim Stillstand, angekommen: ohne Arbeit, ohne Kraft und ohne noch irgendeinen Sinn zu erkennen. Zudem hat mein bester Freund – eigentlich mein engster Angehöriger, wenn ich das so sagen kann – vehement Druck gemacht und gemeint, so könne es nicht weitergehen. Ebenso meine Psychotherapeutin, bei der ich ja schon lange bin. Sie hat mich zur Ambulanz des Anton-Proksch-Instituts geschickt und dort war sofort klar, dass ich in stationäre Behandlung muss. Ich wollte ja lediglich eine ambulante Therapie, aber der Oberarzt dort insistierte, besonders wegen meiner großen emotionalen Instabilität.«

Anders als die anderen

Die emotionale Instabilität hat M. schon sehr früh erlebt, aber nicht bewusst. Während der Kindheit waren es naturgemäß eher Stimmungen als Gedanken, mehr Gefühle als Beobachtungen. Und immer diese Unsicherheit, der Eindruck, nicht am richtigen Ort, am richtigen Platz und überhaupt irgendwie anders als die anderen zu sein. Ihre Umwelt nahm das nicht wahr, reagierte nicht darauf. Die Menschen konnten ja nicht ahnen, dass in dem hübschen, braven, meistens fröhlich wirkenden Mädchen in Wirklichkeit eine in vielerlei Hinsicht zerbrechliche Person steckt. »Ich war schon immer sehr unglücklich, eigentlich auch schon als Kind, eher melancholisch, aber nach außen hin immer sehr lustig und lebhaft, vor allem als Jugendliche. Das gehört wahrscheinlich zu meinem Charakter. Aber es gibt auch andere Seiten. Da bin ich sehr fragil, habe das Gefühl, dauernd am Abgrund zu stehen. Ich könnte morgen vollkommen aussteigen, zum Beispiel aus diesem Gesundungsprozess ... Ich habe mich immer anders gefühlt als die anderen. Ich wusste lange Zeit nicht, was mit mir nicht stimmt, aber dass mit mir etwas nicht stimmt, das wusste ich schon sehr früh. Damals gab es jedoch noch diese Hoffnung: das wird alles besser, ich bin ja noch so jung und ich werde so vieles machen. Ich hatte große Pläne, habe mich in Beziehungen gestürzt, habe mich verliebt, habe meinen Schulabschluss gemacht und bin nach Wien übersiedelt. Das hat ja alles funktioniert. Trotzdem fühlte ich mich immer fremd, immer abseits, und das hat sich bis heute nicht geändert. In Wirklichkeit hat sich mein Zustand mit dem Älterwerden verschlimmert. Heute ist es die Hölle, eine

Hölle, die in mir selbst ist und die ich mit keinem anderen Menschen teilen kann.«

Woher stammt das? Von wem habe ich das? Über die Ursachen ihrer psychischen Labilität rätselt M. ständig und noch immer. Gerade in der Klinik in Kalksburg begegnet man zahllosen Patienten, deren Lebensumstände recht eindeutige Erklärungen für ihre Leiden liefern. Als Kinder verlassen, geschlagen oder missbraucht worden. Die Eltern nicht vorhanden oder selbst psychisch schwer beeinträchtigt, alkoholkrank, arbeitslos, haltlos, unglücklich, verloren. Solche dramatischen Umstände hat M. nicht erlebt. Ihre Familie war eine heile Welt – zumindest äußerlich. »Ich komme aus einem materiell sehr gut abgesicherten familiären Umfeld, meine Eltern haben mich weder missbraucht noch geschlagen, sondern normal erzogen. Oder besser gesagt: Die Defizite und Verletzungen sind viel subtiler, und das ist so schwer zu beschreiben. Dadurch befürchte ich permanent, ein Glaubwürdigkeitsproblem zu haben, Schwierigkeiten, ernst genommen zu werden, so als würde dir ein Spiegel dauernd zurufen: ›Wieso bist du nicht glücklich? Du solltest doch glücklich sein, du bist ja begünstigt, die Lebensumstände meinen es ja nicht schlecht mit dir!‹ Irgendwas ist eben doch schiefgelaufen zwischen meinen Eltern und mir. Sie haben keinen Bezug zu mir, sie verstehen mich nicht – und sie wissen das. Deshalb weigere ich mich wiederum, mich ihnen mit meinen ganzen emotionalen Schwierigkeiten auszuliefern. Das führt zu nichts. Auch zu meinem Bruder habe ich kein gutes Verhältnis. Wir gehen gut miteinander um, haben jedoch wenig Kontakt. Unsere Mutter war immer dominant und beherrschend, der Vater hingegen ein Schwächling. Wahrscheinlich habe ich deshalb bisher immer das Gegenbild zu meinem Vater gesucht. Ich

wollte immer einen starken Mann, der mich beschützt, weil
mein Vater das nicht getan hat. Er ist ein netter, gutmütiger
Mensch, aber unsere Beziehung ist eben eine beziehungslo-
se. Ich glaube, das weiß er selbst sehr gut.«

Die Liebe als Erlösung

Einen starken Mann, einen Beschützer, der sie in den
Arm nimmt, der sie auffängt und mit seiner Liebe alle ihre
Wunden heilt. Das sucht M. bis heute. Deshalb hat sie sich
meistens in Männer verliebt, die eine gesellschaftliche Aura
umgab, zu denen sie aufschauen konnte und von denen
sie erhoffte, dass deren Glanz auf sie abfärben würde. Also
gab es da erfolgreiche Journalisten, Universitätsdozenten,
Schriftsteller. Das große Glück stellte sich nicht ein. »Nähe
und Geborgenheit hab ich, ehrlich gesagt, immer in Liebes-
verhältnissen gesucht. Das hat leider nie so richtig funktioniert. Ein Grund dafür liegt bei mir, weil es mir selbst
so schwer gelingt, Nähe zuzulassen, sie zu leben. Das ist ja
ein wichtiger Aspekt meiner ganzen Problematik, meiner
emotionalen Instabilität. Der andere Grund sind die Männer, auf die ich gestoßen bin. Da hatte ich viel Pech. Die haben mich zum Teil emotional und sexuell ausgenützt, ohne
sich wirklich für meine Person zu interessieren. Besonders
schmerzhaft war allerdings die Beziehung zu einer Frau, die
ich sehr geliebt habe. Meiner Meinung nach hat sie ein mo-
ralisches Verbrechen begangen. Sie war meine Lehrerin. Ich
war zwar schon volljährig, aber immerhin eine ›Schutzbe-
fohlene‹. Nach ein paar Monaten hat sie unsere Beziehung
abrupt beendet. Ich war am Boden zerstört, in einer schweren Krise, durch die Zurückweisung völlig traumatisiert. Das

hat meine folgenden Beziehungsversuche für sehr, sehr lange Zeit negativ geprägt. Dieses Verlassen-worden-Sein war wie ein eingefrorenes Bild in mir. Einigermaßen aufarbeiten konnte ich das erst in den letzten Jahren dank meiner Psychoanalytikerin. Trotzdem hat die längste Beziehung, die ich hatte, nur ein Jahr gehalten. Dabei bin ich schon einunddreißig. Das ist schon ein Armutszeugnis.«

Selbstdiagnose Borderline

Impulsivität, Sprunghaftigkeit der Emotionen, zerrissene Identität und deshalb auch größte Schwierigkeiten in zwischenmenschlichen Beziehungen sind typische Erscheinungen der sogenannten Borderline-Persönlichkeitsstörung. »Borderline«, also »auf der Grenzlinie«, weil die Betroffenen Symptome zweier verschiedener Krankheiten – den neurotischen und den psychotischen Störungen – aufweisen. Die Folge: gestörtes Selbstbild, Angst vor dem Alleinsein, extreme innerliche Anspannung, Selbstverletzungen, Missbrauch von Drogen und Substanzen mit Tendenz zu rascher Abhängigkeit. Obwohl ihr das bisher kein Arzt durch offizielle Diagnose bestätigt hat, ist M. überzeugt, an einer Borderline-Störung zu leiden. »Zu diesem Schluss bin ich selbst gekommen. Ich habe viel über Psychologie und psychische Krankheiten gelesen. Bei den Schilderungen und Erklärungen über die Borderline-Patienten sagte ich mir: ›Das bin ich, das ist genau das, was ich seit Jahren mitmache, mit mir herumtrage!‹ Das war eine echte Erleichterung. Ich wollte mich weder krank machen noch stigmatisieren, aber ich war froh zu erfahren, dass es für mein Leiden einen Namen gibt und dass ich damit nicht allein bin. Als ich meine Analytikerin mit meiner Selbstdiagnose konfrontierte, hat sie eine klare Aussage vermieden, wohl auch, weil sie nicht jemand ist, der dich in eine Schublade stecken würde. Allerdings haben wir regelmäßig über die bei mir auftretenden Symptomatiken gesprochen und sie mit den klassischen der Borderline-Krankheit verglichen. Da war für mich alles klar. Diese innerliche Zerrissenheit, die Stimmungsschwankungen, die innere Leere, die extreme Anspannung – das alles erlebe ich andauernd. Klassisch ist bei dieser Persönlichkeitsstörung auch der Konsum von Alkohol, Tabletten oder Drogen, um die Leere auszufüllen, um etwas zu spüren. Und bekanntlich gehört die Selbstverletzung dazu, sich zu schneiden, das berühmte ›Ritzen‹. Das mache ich ja auch immer wieder. Mit der Rasierklinge die Haut an den Armen ritzen, bis es blutet, um die Spannung loszuwerden, sich auszudrücken oder nach Aufmerksamkeit zu brüllen. Begonnen hat das bei mir schon früh, als Jugendliche. Ich habe einfach gemerkt, dass es mir guttut. Wenn sich eine bis zum Zerreißen angewachsene Spannung aufgestaut hat und man sich ritzt und das Blut fließen sieht, dann beruhigt das. Ich weiß auch nicht, warum das so ist.«

Süchtig auf alles

M. hält sich nicht für primär alkohol- und tablettensüchtig. Im Grunde sei sie süchtig auf alles. Liebessüchtig, beziehungssüchtig, kaufsüchtig, einfach erlebnissüchtig. Deshalb ging sie eine Zeitlang auch stehlen, hauptsächlich Kleider und immer nur in Geschäften von Großfirmen, Privatpersonen wollte sie nicht schaden. Wieder so ein Klassiker. Borderliner zieht es zu riskantem Verhalten, damit etwas passiert, damit man sich spürt. Und natürlich immer wieder der Versuch der Liebe. »Ich möchte schon umschwärmt, begehrt und geliebt werden, aber ich muss immer alles kontrollieren können. Andererseits kann ich mich tatsächlich nicht auf das Wesentliche einlassen, nämlich ein gemeinsames Leben und den Alltag leben, gemeinsam auch ganz profane Dinge unternehmen. Da setzt es bei mir schon aus. Bei mir muss sich immer irgendetwas Besonderes, Aufregendes abspielen. Wenn das nicht passiert, dann suche ich Streit. Gleichzeitig bin ich sehr unsicher, sehr besitzergreifend, sehr schwierig im Umgang. Mit mir zusammen zu sein, ist für den anderen wirklich eine große Belastung. Das nagt natürlich am Selbstwertgefühl, das bei mir ohnehin nur ein Pflänzchen ist. Ein Gefühl, das auch zu den Borderline-Symptomen gehört: Ich habe nichts erreicht im Leben, ich habe keinen Beruf, ich habe keine Talente oder keine Fähigkeit, sie zu entfalten. Ich habe schon vieles angefangen und probiert, aber ich habe nie etwas durchgezogen. Es ist schrecklich, das macht mich krank.«

Kalksburg ist gut, die Analyse lebensnotwendig

Bei so gut wie allen Suchtpatienten stecken hinter ihrer Abhängigkeit von Alkohol, Substanzen und Verhaltensweisen psychische Defizite und Störungen. Sie sind den Betroffenen mehr oder weniger bekannt und bewusst, je nachdem, wie sehr sie sich mit den Ursachen ihres Befindens beschäftigt und dazu professionelle Hilfe in Anspruch genommen haben. Obwohl die Klinik des Anton-Proksch-Instituts stark psychiatrisch ausgerichtet ist, bleibt dort das vorrangige Ziel der Entzug, das Stoppen der akuten Sucht, sowie die Stabilisierung der Patienten. Das ist, neben der Motivation der Süchtigen, die Grundvoraussetzung für jede weitere psychologische, psychotherapeutische, psychiatrische Behandlung. Diese kann, sofern erforderlich, anschließend ambulant oder in anderen Kliniken stationär fortgesetzt werden.

M. weiß, dass ihre seelischen Leiden in Kalksburg während der acht bis zwölf Wochen nicht tiefschürfend behandelt werden können. Trotzdem hat ihr die Therapie geholfen. »Der stationäre Aufenthalt hier tut mir gut. Einmal die Abstinenz, zweitens werde ich versorgt und ich bin nicht allein. Der Austausch mit den anderen Personen ist hilfreich und ich nehme sehr bewusst an den Körpertherapien und am sonstigen Programm teil. Aber wie das dann weitergeht, weiß ich nicht. Ich bin mir überhaupt nicht im Klaren, wie meine Zukunft aussieht. Große Angst habe ich vor meiner leeren Wohnung und davor, wie ich das handhaben werde, ohne Alkohol und Tabletten etwas zu fühlen, zufrieden zu sein. Ich bin mir bewusst, dass es neue Strategien geben muss, mit meinen Problemen umzugehen. Manchmal bin ich zuversichtlich, aber es gibt auch Tage, an denen ich mir denke: Ich komme raus und trink wieder. In Wirklichkeit ist meine Krise natürlich eine andere. Die Ärzte wissen das, nur kann man die Borderline-Störung nicht mit Medikamenten behandeln. Man kann nur die Symptome lindern, z.B. durch ein Antidepressivum, durch Schlafmedikamente.«

Die Stabilisierung in Kalksburg war dringend nötig und ist geglückt. Aber wichtigste Stütze bleibt für M. ihre Psychoanalytikerin, bei der sie seit drei Jahren in Behandlung ist. »Ich sage ganz ehrlich, hätte ich die Analyse nicht begonnen, dann wäre ich heute nicht mehr am Leben. Hätte ich nicht meine Analytikerin, die mich aufgenommen hat, die mich kennt wie kein anderer Mensch auf der Welt, wäre ich nicht mehr da. Suizidal gestimmt war und bin ich immer wieder, besonders nach dem Abbruch von Beziehungen. Doch einmal war es eine richtig tiefe, tiefe Krise. Da war ich ernsthaft gefährdet. Und sie war im richtigen Moment da.«

Und was glaubt M., dass ihr neben den Therapien jetzt am besten helfen könnte? »Am allersehnlichsten wünsche ich mir natürlich noch immer eine Beziehung, die mich erfüllt und glücklich macht. Aber fast noch mehr wünsche ich mir eine Aufgabe, bei der ich mich ausdrücken kann, am liebsten etwas Kreatives. Damit ich mir selbst sagen kann: OK, ich weiß jetzt, warum ich auf der Welt bin, ich weiß, dass ich jetzt dazugehöre, dass nicht alles umsonst war.«

Die Dämonen der Angst

R. M. ist 48 Jahre alt und zum dritten Mal innerhalb von zehn Jahren in Kalksburg. Das erste Mal war er zum Alkoholentzug da, das zweite Mal zum Tablettenentzug und diesmal wegen Alkohol- und Tablettenmissbrauchs. Überrascht hat mich sein Beruf: Soldat, Offizier, Major der Theresianischen Militärakademie, allerdings schon im Ruhestand. Das hat mit seinen psychischen Schwierigkeiten zu tun. Seine Sucht ebenfalls. Und beides mit der Rolle seines Vaters. Aber dessen wurde sich R. erst später, im Laufe seiner Leiden, richtig bewusst. Überrascht hat mich R.s Beruf, weil weder sein Aussehen noch sein Auftreten meinen Klischeevorstellungen von Berufssoldaten entsprechen. Kleine Statur, Brille, gepflegtes Äußeres, eher still, freundlich und zurückhaltend im Umgang mit den Mitpatienten. Guter Bildungsstand. Na klar, MilAk-Absolvent und zum Major im Stab befördert – da wird schon was verlangt.

Wenn man ihn heute beobachtet, kann man sich gar nicht vorstellen, dass R. einmal eine Stimmungskanone und ein Rauschtrinker war. Aufgewachsen ist er in einer nicht unbedeutenden Provinzstadt. Zum Alkohol kam er früh. »Mit 14 bin ich der Musikkappelle beigetreten. Einige der Musikanten haben ordentlich gezwitschert. Ich wollte natürlich sein wie die Erwachsenen und dachte mir, wenn ich beim Trinken mithalten kann, wenn ich das richtig trainiere, dann gehöre ich dazu. Das Zweite waren die Freunde.

Wenn wir unterwegs waren, habe ich mich ordentlich betrunken, um meine Unsicherheit und meine Ängste zu überwinden. Da wurde ich zur Stimmungskanone, da konnte ich ein halbes Wirtshaus stundenlang unterhalten, durch Witze, durch lockere Meldungen – Schmäh eben.« Nach dem Schulabschluss, in Erwartung der Einberufung zum Bundesheer, jobbte R. drei Monate bei der Müllabfuhr. »In der Zeit kam ich eigentlich jeden Tag mit einem leichten Spiegel nach Hause, obwohl ich ja erst 18 war. Aber es war damals üblich, den Müllmännern Alkohol zu spendieren, wenn sie zusätzlichen Müll mitnahmen. Und wieder wollte ich dazugehören, habe also ordentlich mitgetrunken.«

Die Zeit beim Heer

»Ich habe nicht die Erfahrung gemacht, dass beim Bundesheer besonders viel getrunken worden wäre – ich habe gerne getrunken! Ich war zu jener Zeit aber über Jahre ein Rauschtrinker. Tagelang nichts zu trinken, selbst zwei Wochen wenn nötig, das hat mir nichts ausgemacht. Dafür habe ich dann angekündigt, ›das nächste Wochenende gehört mir‹, und hab mir entsprechend einen umgehängt.« Das tägliche Trinken wurde erst auf der Militärakademie zur Gewohnheit, in der Freizeit. »Nach Dienstschluss gegen 16 Uhr ging ich immer zuerst ins Kaffeehaus. Dort las ich Zeitungen, lernte für die Fortbildung und trank Kaffee. Der Alkohol kam erst später, am Abend. Das hatte wieder mit meinem mangelnden Selbstbewusstsein, mit meinen Ängsten zu tun. Ich fürchtete mich davor, Frauen anzusprechen oder mich ihnen zu nähern, besonders in einem Lokal vor anderen Menschen. Das hat mich frustriert, ich war enttäuscht von mir selbst und letztlich deprimiert. Der Alkohol wurde zum Aufhellungsmittel.«

Während seiner späteren Militärlaufbahn kam es auch regelmäßig vor, dass R. mit Kollegen im Offizierskasino bis in die späte Nacht trank. Am nächsten Tag durften sie sich nichts anmerken lassen, denn ein alkoholisierter Offizier im Dienst, das war Tabu, nach dem Motto: »Wer saufen kann, der kann am nächsten Tag auch seinen Mann stehen.«

Seinen Mann stehen, das Mann-Sein überhaupt, das wollte R. seit jeher so sehnlich, doch etwas in ihm machte das so schrecklich schwer. Unsicherheit, Ängste, Depressionen – wollte er sie im Zaum halten, dann musste er trinken. Irgendwann fühlte sich R. fremdbestimmt, wie ferngesteuert. Er sprach mit seiner Frau, mit der er inzwischen zwei junge Töchter hatte. Sie hatte ihn zwar nie kritisiert, hatte ihm keine Vorwürfe gemacht, aber jetzt bestärkte sie ihn in seiner Absicht, eine Entziehungskur zu machen, stationär. Das war 2001. Damals stellte sich R. noch vor, so eine Kur dauere 14 Tage, dann sei das Problem erledigt.

Die erste Kur – Abstinenz und noch mehr Depressionen

Zum akuten Alkoholentzug kam R. auf die psychiatrische Abteilung des Krankenhauses in seiner Stadt, zur »Entwöhnung« wie es früher hieß, also der gründlicheren Behandlung, ging er nach Kalksburg. Aber schon im Spital wurde R. auf seine psychischen Störungen angesprochen. »Zum ersten Mal hörte ich das Wort Depressionen im Zusammenhang mit mir, auf mich bezogen, und zwar durch eine Krankenschwester. Sie meinte: ›Herr M., worunter Sie jetzt leiden, ist nicht mehr der Alkoholentzug. Sie müssen

Depressionen haben.‹ Spontan dachte ich mir, ›Frechheit, was bildet die sich ein!‹. Zugleich nahm ich es ernst und wusste ab da, was Depressionen sind.«

Die Behandlung in Kalksburg hatte einerseits Erfolg, andererseits half sie R. nicht wirklich, sich besser zu fühlen. »Acht Jahre lang war ich trocken, ganze acht Jahre. Dafür begann ich unter schweren Depressionen zu leiden, jahrelang. Jeden Tag, wirklich täglich, dachte ich mir, es ginge um nichts mehr bei mir. So deprimiert war ich. Nur wegen der Kinder schob ich alle Gedanken, dem ein Ende zu machen, weg. Aber es verging kein Tag, an dem ich nicht vor dem Einschlafen gebetet habe, ich möge nicht mehr aufwachen. So ging es mir.« Trotz psychologischer und psychotherapeutischer Betreuung und trotz reichlicher Psychopharmaka steigerten sich die Depressionen, immer häufiger kamen auch Angstzustände hinzu. Sein Hausarzt verschrieb R. zudem über Jahre die abhängig machenden Benzodiazepine als Schlafmedikation. Eine folgenschwere Entscheidung, die R.s Zustand auch nicht bessern konnte.

Schließlich schaffte er auch die Arbeit nicht mehr. 2005 wurde R. aus dem Bundesheer aus Gesundheitsgründen und einvernehmlich entlassen. »Der Grund war meine absolute Arbeitsunfähigkeit. Natürlich war die Entlassung aus dem Heer der nächste schlimme Schock. Ich war nicht einmal mehr imstande, einen Spaziergang zu machen oder in ein Geschäft zu gehen, um Milch zu holen. Ich saß nur mehr auf dem Balkon oder in der Wohnung und starrte Löcher in die Luft. Ein schrecklicher Anblick für meine Frau und die Kinder. Deshalb habe ich mich dann getrennt, um von mir und der Familie diesen Druck zu nehmen.«

R.s Frau hatte die Zeit, als er trank, stillschweigend geduldet, mit der »schwarzen Zeit der Depression«, so R., konnte sie weniger gut umgehen. Sie distanzierte sich, die beiden entfremdeten sich. Trennung und Scheidung waren die Folge. R. fühlte sich noch einsamer, verloren. Ein Jahr später, Ende 2007, kehrte er nach Kalksburg zurück, wegen seiner mittlerweile starken Abhängigkeit von den Medikamenten. »Diesmal blieb ich vier Monate, weil die Entwöhnung von den Tabletten ja viel schwieriger ist und länger dauert als vom Alkohol. Die Therapien waren damals leider nicht so gut wie heute. Während dieses Aufenthalts passierte etwas Unglaubliches: Mein Alkoholgedächtnis erwachte plötzlich wieder! Nach fast acht Jahren vollkommener Abstinenz. Einerseits war in allen Vorträgen und Therapiegruppen andauernd vom Alkohol die Rede. Andererseits gab es damals, im Unterschied zu heute, zwischen den Patienten wenig ernste Gespräche, sondern zum Teil wirklich saublödes Gequatsche. Hing wohl auch von den Personen ab. Jedenfalls brüsteten sich die Leute mit ihren exzessiven Rauscherlebnissen, malten sie begeistert und in allen Farben aus, nur um dann zu bedauern, dass diese Zeit wohl vorbei sein könnte. Dem konnte man sich schwer entziehen.«

R. bat die Ärzte, ihm ein Medikament zur Dämpfung des Cravings, der Sehnsucht und Gier nach Alkohol, zu geben. Er bekam Campral, ohne großen Erfolg. Drei Monate nach der Entlassung aus Kalksburg, genau zum achten Jahrestag seiner Alkoholabstinenz, griff R. wieder zum ersten Bier. Schleichend kehrten die alten Gewohnheiten zurück, obwohl R. versuchte, sich durch Vernunft und Selbstdisziplin zu wehren. Vergebens. Zum Alkohol gesellten sich irgendwann wieder die Benzos, die Tranquilizer, wieder regelmäßig vom Hausarzt verschrieben, denn die Schlaflosigkeit und die Depressionen waren ja nicht verschwunden.

Ich wollte einfach nicht mehr sein

Obwohl er seine Süchte nicht losgeworden war, gelang es R. doch, sich einige Jahre über Wasser zu halten. Er achtete darauf, dass er die Trinkmengen und die Zahl der Tabletten in erträglichem Ausmaß hielt, rang sich immer wieder zu »Trockenphasen« durch – wochenweise, einmal sogar fünf Monate lang. Doch irgendwann kam es zum Absturz, zum folgenschwersten bisher, ausgelöst durch einen nicht metaphorischen, sondern wirklich körperlichen Absturz, einen Unfall. »Ich bin in der Nacht auf einem kleinen Wanderweg marschiert, wegen der Nässe ausgerutscht und über einen steinigen Abhang in einen Fluss gefallen. Ich konnte mich glücklicherweise mit letzter Kraft am Ufer so festhalten, dass ich mit dem Oberkörper im Trockenen war, verlor dann aber die Sinne.«

Wie er gefunden und ins Krankenhaus gebracht wurde, daran erinnert sich R. nicht. Er war mehrfach verletzt, Behandlung und Rehabilitation dauerten lange. Die Zeit im Krankenhaus empfand er als schrecklich bedrückend, seine Stimmung war wieder im Keller. »Kaum waren die Nachbehandlungen vorbei, hatte ich schon wieder vergessen, welch ein großes Glück ich habe und dass ich eigentlich eine zweite Chance erhalten hatte. Stattdessen habe ich auf das Leben nichts mehr gegeben, habe mich bewusst vernichtet. Ich wollte einfach nicht mehr sein.«

Nun ließ sich R. vollkommen gehen, zog sich zurück, als wollte er gezielt auf das Ende zusteuern. »Täglich habe ich 15 große Bier getrunken und dazu große Mengen Xanor und Psychopax genommen. Mehr als 10 Tabletten pro Tag plus 100 Tropfen Psychopax. Die Wohnung habe ich monatelang überhaupt nicht verlassen, nicht einen Schritt hinaus gemacht. Versorgen musste mich meine Mutter. Die brachte mir das Bier und die Medikamente. Ich befand mich nur mehr im Dämmerzustand.«

Erstaunlich, aber nicht unüblich, ist die leichtfertige Verschreibung der Psychopharmaka durch den Hausarzt. »Heute wundert es mich auch, denn mein Arzt hatte mich sieben bis acht Monate nicht zu Gesicht bekommen, sondern nur mehr meine E-card. Er wusste, dass ich seit Langem ein schweres Tablettenproblem hatte und hatte schon bei der Verschreibung meiner normalen Dosis zu mir gesagt: ›Mit der Menge, die Sie nehmen, lege ich eine ganze Elefantenherde um.‹ Ein- bis zweimal im Jahr meinte er auch, es sei wieder an der Zeit, ich solle doch etwas unternehmen, eine Therapie und so. Aber das war's schon. Bei der Einlieferung ins Spital meinte die Aufnahmeärztin, mein Hausarzt müsste angezeigt werden.«

Ins Krankenhaus eingeliefert wurde R., weil er nach seinem anhaltenden psychischen Niedergang auch einen körperlichen Zusammenbruch erlitt. Er rief selbst die Rettung. Im Krankenhaus erlitt R. drei epileptische Anfälle innerhalb von zwei Tagen, dann war das Schlimmste überstanden. Nach dem Akutentzug begab er sich wieder nach Kalksburg.

Der Vater hat mir den Selbstwert geraubt

Wieder in der Klinik zu sein hat R. geholfen, körperlich und geistig wieder einigermaßen fit zu werden. Mithilfe der Therapeuten dachte er auch ernsthafter und offener als bisher über sich nach, darüber, was die Ursachen für Unsicherheit, Ängste und Depressionen schon in früher Jugend gewesen sein könnten. Geahnt hatte er es natürlich schon lange, aber sich damit schonungslos zu konfrontieren, das vermied er, so weit es ging. Die Kindheit etwa. »Schon als Kind habe ich mich für meine Mutter geschämt. Das ist schlimm, aber es war so. Weil sie überhaupt keine schöne Frau war. Das sehe ich heute natürlich irgendwie anders. Und weil meine Mutter so dumm war – glaubte ich. Schon als Kind merkte ich, dass ich gescheiter war und mehr wusste als meine Mutter. Die anderen Menschen haben sie offenbar nicht so wahrgenommen, aber ich habe mich für sie geschämt. Und sie war lieblos. Selbst als ich schon Familie hatte, zeigte sie kein Interesse an mir oder meinen Kindern. Wenn ich ihr sagte, es gehe mir schlecht, lautete die Antwort immer nur, ›Geh, was hätt'st denn leicht? Was hätt'st denn?‹. Und schon wechselte sie das Gesprächsthema. Sie wollte nicht hinsehen, wollte es nicht wissen, fühlte sich wohl auch überfordert. Heute werfe ich ihr gar nichts mehr vor, aber wir können auch nicht darüber sprechen, weil sie nicht reflektiert ist.«

Verbittert, ja unversöhnlich klingt R., wenn er über seinen heute fast 80-jährigen Vater spricht. »Ahh, der Vater. Der hat eine ganz furchtbare Rolle in meinem Leben gespielt. Das ist wahrscheinlich auch der Grund dafür, dass ich meine Ängste entwickelt und das Zuhause irgendwann gehasst habe. Auch ihn habe ich irgendwann gehasst und hasse ihn noch immer. Auf ihn ist sicher zurückzuführen, dass ich mir mit anderen Menschen so schwer tu, immer misstrauisch und unsicher bin, immer unbewusst fürchte, dass sie mir was Böses wollen.« R.s Vater war Polizist, herrschsüchtig, unkontrolliert und gewalttätig. Nicht so sehr im Umgang mit den drei Töchtern, aber gegenüber seinem einzigen Sohn. »Er hat mich brutal misshandelt, über Jahre hinweg. Nicht sexuell, sondern durch brutale Gewalt. Es hat gereicht, dass er missmutig war und glaubte, ich würde komisch dreinschauen. ›Schau nicht so blöd‹, hieß es dann und zack-bum schlug er zu. Wie ein Blitz. Das waren aber keine Ohrfeigen oder eine auf den Popo. Nein, das waren brutale Polizistenhiebe mit der verkehrten Hand, mit voller Männerwucht. Mir war manchmal, als wollte er mir den Schädel abschlagen. Ich durfte nicht weinen, ich durfte mich nicht mit den Händen schützen, weil das trieb in ihm noch mehr den Zorn an, und weil er es mir verboten hatte.« Die väterliche Gewalt gehörte zum Alltag, von Kindheitstagen an bis zum 16. Lebensjahr, als sich R. einmal schützend vor die älteste Schwester stellte. Von da an war plötzlich »aus mit Schlagen«.

Die große Angst vor der männlichen Gewalt, die ist geblieben, hartnäckig. Heute noch befallen R. Angstzustände, ohne erkennbaren Anlass oder erklärbaren Zusammenhang. »Das Problem ist nicht nur die Angststörung. Der Vater hat mir den Selbstwert geraubt. Um den zu finden, arbeite ich seit Jahren an mir. Jetzt gelingt es mir zumindest, dass ich mich zeitweise selbst annehmen, manchmal sogar lieben kann. Dieses Trauma der väterlichen Gewalt hatte sogar teilweise Störungen im sexuellen Bereich zur Folge. Ich wagte es kaum, mich Frauen anzunähern, weil ich mich immer davor fürchtete, ohnehin nicht entsprechen zu können. Im Innern dachte ich, ›Ich bin kein richtiger Mann‹. Dabei war mein Vater nach eigenen Aussagen überglücklich, als ich geboren wurde, weil er immer zumindest einen Sohn haben wollte. Hat er wenigstens behauptet, dabei hat er gerade diesen einen Sohn niedergedrückt, vernichtet.«

Getrunken hat R.s Vater nicht. Er sei wohl eher ein Mensch, der sich selbst nicht ertragen kann und das in der

Familie ausgelebt hat. Den einzigen Versuch einer Aussprache unternahm R. zu jener Zeit, als er noch mit der Familie lebte und schon tief in die Depression versunken war. Anlässlich einer kleinen Familienzusammenkunft setzte sich der Vater zum Sohn auf den Balkon. »Ich begann zu sprechen, warf ihm Dinge aus der Vergangenheit vor und brach in Tränen aus. ›Vielleicht kannst du mir einmal verzeihen‹, war seine einzige Reaktion. Dann ging er wieder. Über das Geschehene und über sein Verhalten wollte er nicht reden. Ich verstehe heute zwar vieles, aber verziehen habe ich ihm noch nicht. Das wäre aber mein Ziel, weil es mich selbst befreien würde.«

Nach knapp drei Monaten Kalksburg hoffte R., dass die Nachbetreuung und die Wiederaufnahme der Psychotherapie, kombiniert mit einer streng ärztlich verordneten Medikation, bei der Aufarbeitung seiner Vergangenheit und bei der Behandlung seiner psychischen Beschwerden helfen kann. Aber er musste sich auch eingestehen, dass allein die Vorstellung, wieder auf sich selbst gestellt zu sein, wieder alleine in seiner Wohnung zu sitzen, Gefühle der Bedrücktheit auslösen.

Im Irrgarten

Gibt es eine Hochschaubahn, die nur abwärts fährt? Nein, so eine Bahn gibt es weder sprachlich noch nach den Gesetzen der Physik. Und es gibt sie doch. Allerdings nur im Luna Park des menschlichen Lebens, im Spiegelkabinett der 48-jährigen Cl. P. Klein, mager, zierlich, zitronengelber Kürzest-Haarschnitt, Hosen, T-Shirts, Pullis und Jackets mit Vorliebe bunt, die tiefdunklen Augen unruhig, die Wörter sprudeln schnell und kräftig, die Zigarettenglut hat kaum Zeit, zu Asche zu werden. Ein Energiebündel.

Die Stationen ihres Werdegangs erzählt sie atemlos, Wörter und Satzbruchstücke rattern wie aus einem Schnellfeuergewehr. So ruhelos und quecksilbrig wie ihr Leben. Ein Leben, in dem sie nach sechs Ehen mit sieben Kindern dasteht. Ohne Arbeit, aber mit der großen Hoffnung und dem noch stärkeren Willen, endlich Stabilität zu finden.

Ihre familiäre und soziale Wiege? Ein trauriger Klassiker. »Die Eltern haben getrunken. Immer waren Leute bei uns eingeladen, die Mama war besoffen und bösartig, hat mich dauernd geschlagen, der Vater auch manchmal. Das war nicht lustig. Aber anderes haben wir Kinder kaum gesehen. Als meine Mutter etwas mit einem anderen Mann angefangen hat, hat ihr mein Vater mit dem Messer einen Bauchstich versetzt. Die Mama ist ins Frauenhaus gekommen und war schwanger vom anderen Mann. Der Vater musste ins Gefängnis, kam aber wieder frei, weil er einen guten Anwalt hatte.« Die Eltern trennten sich, ein Teil der Kinder entschied, zum Vater zu ziehen, Cl. blieb bei der Mutter und dem neuen Lebensgefährten. Keine gute Idee. Sie war knapp 15. »Irgendwann begann der Stiefvater in mein Zimmer zu kommen, stieg zu mir ins Bett und verlangte die ärgsten Sachen von mir, sexuelle Sachen. Er steckte mir den Finger rein, ich musste seinen Schwanz anfassen und mehr. Ich war völlig überrumpelt, total geschockt.« Cl. flüchtete vor der Familie, zog mit 16 aus, suchte Halt und geriet in die Arme eines Trinkers. »Der war Alkoholiker, der hat mich auch die ganze Zeit nur getögelt, also geschlagen. Trotzdem blieb ich ein ganzes Jahr mit ihm.«

Die Zeit als Prostituierte

In dieser Zeit begann Cl. als Kellnerin zu arbeiten. »Angefangen habe ich mit der Kellnerei in ganz normalen Kaffeehäusern. Doch da verkehrten auch Gäste aus der Zuhälterszene. Diese Strizzis haben mir den Weg in die Prostitution gezeigt. Begonnen habe ich mit einzelnen Freiern, die vermittelt wurden. Dann habe ich in Bars gearbeitet. Für den Straßenstrich musste man ja 18 sein. Mit 19 habe ich dann in der Felberstraße im »Club ***« zu arbeiten begonnen und gut verdient, 7000 Schilling damals. Da fing ich an, regelmäßig Cannabis zu rauchen. Dazu kamen Aufputschmittel, um fit zu sein. Antapentan vor allem, ziemlich viel. Und natürlich das Trinken, das gehörte ja zum Job. Der Chef war dauernd hinter uns her, damit wir die Gäste zum Trinken animieren, ›Trink Cl., trink!‹.« Fünf Jahre lang ging Cl. »anschaffen«.

Der nächste Mann, in den sie sich verliebte, war, wenig überraschend, ein Zuhälter. »Ja, der war ein Strizzi und ich habe mich richtig verliebt in ihn. Zum Wohnen hatten wir ein ganzes Haus, von einem Spieler vermietet. Ein teures Haus, 10.000 Schilling im Monat. Und dieser Mann hat nach einiger Zeit ebenfalls begonnen, mich zu schlagen. Als es mir zu viel wurde, bin ich ausgebrochen und mit einer Freundin nach Spanien. Hat auch nicht gedauert. Als ich zu ihm zurückgekommen bin, hat er mir den Kopf umgedreht. Ich weiß nicht, was er da mit mir gemacht hat, welches Psychospiel und wie er es gemacht hat, jedenfalls hat er mich völlig umgedreht und ich war psychisch total am Ende. Ich bin in die Psychiatrie auf der Baumgartner Höhe gekommen. Die Behandlung hat drei Jahre gedauert, hin her, hin her, immer wieder eingeliefert, weil es mir so schlecht ging.«

Der Fokus der Behandlung im Otto-Wagner-Spital auf der Baumgartner Höhe lag bei den psychischen Problemen, der Alkohol stand damals noch nicht im Vordergrund. Auch nach den drei Jahren musste Cl. wiederholt in die Klinik. »Da haben sie mir alle möglichen Pulver und Tabletten gegeben, auch Injektionen. Richtige Therapie über lange Zeit gab es damals nicht. Ich kann auch überhaupt nicht sagen, wann und warum jeweils wieder eine Krise ausbrach, Depressionen auftraten. Oft waren es Kränkungen, Schicksalsschläge, Probleme wegen der Kinder. Irgendwann ist der Alkohol dazugekommen und immer wichtiger geworden. Ab 33 war's damit dann echt ernst, eigentlich arg.« Die Diagnose bipolare Störung, manisch-depressiv sagte man früher, erfolgte allerdings erst Jahre später.

Der gute Ehemann und die ersten vier Kinder

Mit 23 Jahren, nach den drei Jahren psychiatrischer Behandlung, schien das Leben Cl.s eine Wende zu nehmen. Da hat sie einen 14 Jahre älteren Mann kennengelernt, mit der Prostitution aufgehört, geheiratet und ihre ersten Kinder zur Welt gebracht. »Mit diesem Mann war ich für meine Verhältnisse lange beisammen, neun Jahre. Der war normal, hat gearbeitet und ich habe dann auch mit ihm gearbeitet. Wir hatten einen Garten, sind auf Urlaub geflogen und haben drei Kinder bekommen. Er war ein guter Mensch, es war alles Nötige vorhanden. Mir ist es dadurch auch psychisch viel besser gegangen. Er war echt ein guter Mensch, aber verliebt habe ich mich nicht in ihn. Deshalb habe ich mich scheiden lassen. Es hat mir einfach was gefehlt. Für eine kurze Zeit wurde ich mit den drei Kindern im Frauenhaus aufgenommen, bin dann aber doch zu meinem Mann zurück und wir haben ein zweites Mal geheiratet. Da habe ich mein viertes Kind, die J., bekommen. Die stammte aber nicht von ihm, sondern aus einer kurzen Affäre während meiner Zeit im Frauenhaus. Meinem Mann habe ich es nicht sofort gestanden, erst bei der zweiten Scheidung. Er hat die J. trotzdem als sein Kind angenommen, nach der Scheidung auch für sie bezahlt und hat noch heute guten Kontakt zu ihr. Er war ja wirklich ein rundum guter Mensch, aber mir hat die Liebe gefehlt, ich habe ihn nicht geliebt und vieles an ihm hat mich zusehends gestört. Dass er sehr viel geschrien hat, dass er so hysterisch war und so. Ich wollte weg, einfach weg. Also ließ ich mich ein zweites Mal scheiden. Heute bereue ich es manchmal.«

Liebe und Halt, das sucht Cl. schon ein Leben lang, und zwar bei den Männern. Nach neun Jahren der Stabilität fühlte sie sich wieder so stark zu einem neuen Mann hingezogen, dass sie etwas Intensives spüren konnte. Sie war wieder verliebt. »Der hat mich genommen, obwohl ich vier Kinder hatte. Wir haben geheiratet und waren sechs Jahre zusammen. Von ihm stammt meine 14-Jährige, die jetzt bei ihm wohnt. Aber leider hat er getrunken und ich mit ihm. Wir haben viel getrunken und auch viel gestritten. Dauernd hat es Reibereien wegen der Kinder gegeben. Die haben darunter zu leiden gehabt, zur Ältesten war er auch bösartig. Da habe ich beschlossen, das hat keinen Sinn mehr und bin gegangen. Da stand ich dann allein mit den fünf Kindern da.«

Nicht lange. Schon bei der Übersiedlung fand die nächste Begegnung statt und bald kam das sechste Kind zur Welt, dessen Vaterschaft jedoch trotz Test nie geklärt werden konnte. Das sei eben so, wenn man bipolar ist, meint Cl. Man lasse sich zu unüberlegtem Handeln verleiten, sowohl während der depressiven Phasen wie auch während der manischen. Einmal brauche man Halt, dann wünsche man sich die Begeisterung. Mittlerweile war ja auch der Alkohol zum Problem geworden.

Probleme mit der Eifersucht, den Kindern und dem Jugendgericht

Auch in der neuen Beziehung lief sehr bald alles schief. »Der hat sich zu sehr in die Kindererziehung eingemischt. Die Kinder haben ihn schon nach kurzer Zeit gehasst. Die große Tochter ist ausgezogen und in eine betreute Wohngemeinschaft übersiedelt. Der Zweiten habe ich gesagt, sie braucht auch nicht mehr nach Hause zu kommen, weil die nur Blödsinn und Schwierigkeiten gemacht hat – Fensterscheiben einschlagen etc., dauernd hatten wir mit der Polizei zu tun. Mir ging es in der Zeit psychisch überhaupt nicht gut. Mein erster Mann hatte nämlich seine Tochter, die N., als Fünfjährige zu sich genommen, um mich zu entlasten, im Einverständnis. Plötzlich hat er sie mir vom Jugendgericht wegnehmen lassen. Ich habe das Sorgerecht verloren. Dazu hat er mich bei Gericht angekreidet und schlecht gemacht. Zwei Monate später haben sie in seiner Wohnung eine Haschplantage und Koks gefunden. Da hätte ich mich rächen können, aber ich bin nicht so, ich bin das nicht.«

Wieder neuer Mann, wieder neue Ehe. Die Kinder, Eifersucht und Kontrollwahn hätten aber auch diesen Versuch zum Scheitern gebracht, so Cl. »Mit dem war ich vier Jahre zusammen. In Wirklichkeit nur zwei, weil die nächsten zwei Jahre ging es hin und her, einmal zusammen, einmal getrennt. Er hatte eine Eigentumswohnung und wir haben sogar gemeinsam gearbeitet. Zuerst bei der Wiener Lokalbahn, er war Fahrer und ich habe behinderte Kinder begleitet, angeschnallt und gesichert, auch in die Schule gebracht. Später waren wir bei einer Reinigungsfirma. Mir ist das aber alles zu viel geworden. Er war schrecklich eifersüchtig, sogar auf meine Kinder. Er selbst war sehr streng erzogen worden und hat geglaubt, er kann das auch bei meinen Kindern machen. Mir ist er 24 Stunden am Tag auf der Pelle gesessen, hat mich bei allem kontrolliert, wollte nicht, dass ich allein einkaufen gehe, wo immer ich hingeschaut habe, hat's ihm nicht gepasst. Ich habe mich wie eingesperrt gefühlt.« Ausbruch, Trennung und wieder einmal ohne Existenzgrundlage. Cl. muss die Kinder ins Heim geben.

Der Tiefpunkt

Nach einiger Zeit wurde Cl. eine kleine Sozialwohnung zugewiesen, auch damit die Kinder sie besuchen konnten. Sie war mittlerweile fest entschlossen, sich helfen zu lassen. Sie ging zu den Anonymen Alkoholikern und besuchte über Jahre mehr oder weniger regelmäßig ihre Therapiesitzungen. Dort verliebte sie sich wieder. »Den habe ich zwar nicht geheiratet, aber lieben gelernt. Was ich zunächst nicht wusste: Er war eigentlich noch im Gefängnis, ein Haftfreigänger. Zu mir kam er immer nur kurz. Also habe ich ihn befragt, gedrängt und gebohrt, um zu wissen, weshalb er im Gefängnis ist. Er wollte es nicht sagen. Ich war nicht nur verliebt, sondern auch schon schwanger von ihm. Dann erfuhr ich den Grund seiner Verurteilung. Er hatte die sechsjährige Tochter seines Bruders sexuell missbraucht.«

Anlässlich einer richterlichen Anhörung, von der sich ihr neuer Lebensgefährte eine einjährige Haftverlängerung erwartete, tauchte er unter und lebte neun Monate als U-Boot. Cl. bekam ihr siebtes Kind, einen Buben, besuchte zwei ihrer anderen Kinder regelmäßig im Heim in Klosterneuburg bei Wien und lebte vom Arbeitslosengeld. Nachdem der geflüchtete Vater ihres kleinen L.s wieder verhaftet worden war, kam er zuerst zu Wochenendbesuchen zu Cl. und zog schließlich nach seiner Freilassung bei ihr ein. »Einmal in der Nacht hatten sowohl er als auch ich sehr viel getrunken. Plötzlich kam mein Zehnjähriger, der P., der auf Besuch war, und sagte ›Mama, der G. hat mich da …‹. Ich konnte es anfangs gar nicht glauben, habe den G. natürlich befragt. Der hat alles abgestritten. Doch leider hat es gestimmt. Er hat auch ihn sexuell belästigt und missbraucht. Natürlich war ich geschockt, als das später bestätigt wurde, aber im Moment war ich verliebt und da ist man blauäugig und blöd. Ist so.«

Bestätigt und auch amtsbekannt wurde der neuerliche Missbrauch durch einen alkoholisierten Kontrollverlust Cl.s. Bei einem Fest am Wiener Heldenplatz stritt sie sich mit Polizisten und hatte ihren zehnjährigen und den jüngsten Sohn bei sich. Wegen der aggressiven Handgreiflichkeiten mit der Polizei und einer anschließenden Vernachlässigung der Kleinen schritt das Jugendamt ein, entzog ihr die Kinder. Bei deren Befragung kam auch der Missbrauch am Buben ans Tageslicht.

Ende der Talfahrt?

In der Kalksburger Klinik des Anton-Proksch-Instituts war Cl. jetzt zum zweiten Mal, im Abstand von drei Jahren. Das erste Mal habe sie es nicht genügend ernst genommen, habe nicht regelmäßig und oft nur widerwillig an den Therapien teilgenommen. Diesmal sei alles viel intensiver und besser, weil sie mit einer vollkommen neuen Einstellung an die Sache herangehe und viel darüber nachgedacht habe, warum sie eigentlich so unglücklich durchs Leben geirrt sei. »Gewusst habe ich schon immer, dass mit mir etwas nicht stimmt, aber was es ist, habe ich nie verstanden. 2007 hat mir erstmals ein Neurologe erklärt, was die bipolare affektive Störung ist. In der Tat waren die Symptome bei mir ganz klar. Wenn die Manie kommt, dann glaubt man, man ist die Größte, man kann alles machen und erreichen, man kennt keine Grenzen. Doch plötzlich kommen die Depressionen, aber so tiefe Depressionen, das glaubt man nicht. Insgesamt macht man Sachen, die man eigentlich normalerweise nicht machen würde, total realitätsfern, total durchgeknallt.«

Viel habe der Alkohol dazu beigetragen. In der manischen Phase verstärke er das irrige Gefühl, man sei stark und alles sei möglich, in der Depression brauche man ihn, um es auszuhalten. »Es ist vorgekommen, dass ich drei Wochen durchgetrunken habe, die Hölle. Obwohl ich ja weiß, wie das immer endet. Ich stürze dann, verletze mich, bin nicht mehr richtig bei mir, das ist nicht mehr lustig. Und du wirst nicht mehr ernst genommen von den anderen in der Welt.« Die Medikamente, hauptsächlich Antidepressiva, hätten geholfen und dazu beigetragen, dass die extremen Höhen und Tiefen in letzter Zeit weniger geworden seien. Geholfen hätten auch der Klinikaufenthalt, der Entzug und die Therapien. »Ich geh zu den Fitnessübungen, zur Körperwahrnehmung, zum Malen, Töpfern, Nähen, zum Computerkurs …das sind alles Dinge, die mich aufbauen, die mich auf andere Gedanken bringen. Denn wenn man nicht mehr trinkt, entsteht ja ein Loch und das muss man mit etwas anderem füllen.«

Besonders motiviert ist Cl. aus Angst, ihre Kinder zu verlieren. Es sei schon sehr knapp an der Kippe. »Hätte ich weitergemacht wie bisher, hätten sie sich wohl von mir distanziert. Jetzt finden sie es sehr gut, dass ich diesen Weg gehe, aber sie brauchen wieder Vertrauen. Dass ich mit dem Trinken aufhöre, habe ich ja schon oft gesagt, aber sie haben nie gesehen, dass ich es wirklich tu. Das ist das Schlimme daran. Da muss ich ihnen wieder den Glauben schenken. Aber ich will es natürlich auch für mich selbst schaffen.«

Große Hoffnung setzt Cl. in einen weiteren Klinikaufenthalt. Gleich nach Kalksburg begab sie sich nach Ybbs, zu einer dreimonatigen psychiatrischen Behandlung ihrer bipolaren Störung.

Ich wollte mich wegbeamen

Was bringt eine adrette, gebildete, sympathische Frau aus einer Mittelstandsfamilie nach Kalksburg? Das fragte ich mich, nachdem ich B.S. in unserer Raucherecke im Park der Klinik mit den anderen Patientinnen und Patienten plaudern hörte und bevor ich selbst lange Gespräche mit ihr geführt hatte.

B. ist Mitte fünfzig. Als freiberufliche Friseurin in einer beschaulichen Marktgemeinde auf dem Land, mit eigenem Haus und einem Arzt als Gatten, verlief ihr Ehe- und Familienleben unbeschwert und harmonisch. Bis zu jenem Schicksalstag. »An diesem Sonntag standen um halb neun zwei Polizisten vor der Haustür und haben geklingelt. Zuerst dachte ich ›oje, die Kinder‹, aber die waren zum Wochenende ja beide bei uns zu Hause. Und mein Mann war als Anästhesist im Krankenhaus zum Nachtdienst und sollte ebenso bald heimkommen. Die Polizisten begleiteten mich ins Haus, empfahlen mir, mich zu setzen, und überbrachten mir dann die Hiobsbotschaft, dass sich mein Mann im Spital das Leben genommen habe – mit Medikamenten ... Ich konnte es im ersten Augenblick gar nicht fassen. Ich konnte weder weinen noch etwas sagen. Es war, als hätte mir jemand etwas mit Gewalt über den Kopf gezogen. Es war furchtbar, einfach nur Schock.«

Durch den unüblich frühen Sonntagsbesuch fremder Personen aufgeschreckt, kamen die Kinder aus den Schlafzimmern im Oberstock und erfuhren, was passiert war. »Das war eine Tragödie. Sie weinten, brüllten und wälzten sich auf dem Fußboden und ich war immer noch starr vor Schrecken.« Der herbeigerufene Hausarzt verabreichte Beruhigungsmittel, die aber kaum wirkten. Dann kamen der Bruder B.s und die Schwägerin. Der Leidensdruck und der Schmerz nahmen zu. »Zuerst war da der Schock, da war ich vollkommen weg. Dann ist es erst losgegangen.«

Warum?

Es hatte keine Vorzeichen gegeben, keine Konflikte, keinen Streit. Es gibt auch keinen Abschiedsbrief. »Er ist in den Dienst gegangen wie immer, hat sich ganz normal verabschiedet. Wir hatten eine Menge Zukunftspläne. Am nächsten Tag sollten wir, wie am Stephanitag üblich, zu meiner Mutter zum Mittagessen gehen. Dazu ist es nicht mehr gekommen. Warum? Warum hat er das gemacht? Das frage ich mich bis heute. Vielleicht werde ich es erfahren, wenn ich dort sein werde, wo er jetzt ist – oder auch nicht.«

Bis auf die üblichen Meinungsverschiedenheiten im Alltag gab es weder in der Ehe noch mit den Kindern Probleme. B.s Mann litt auch nicht an Schwermut oder Depressionen. Eine mögliche Abhängigkeit von Medikamenten schließt sie kategorisch aus. Der Mediziner war sehr restriktiv mit der Einnahme oder Vergabe von Medikamenten, selbst bei kleineren Gesundheitsproblemen in der Familie. Verschlossen war er halt, ziemlich verschlossen. »Ich bin eine offene Person, ich komme aus mir heraus. Das konnte mein Mann nicht. Dem musste man alles aus der Nase ziehen. Gewisse Dinge, die haben nur ihm gehört, da konnte er nicht aus seiner Haut. Und so wie er gelebt hat, ist er gegangen – still.«

Gehen, ihm nachgehen, wollte im ersten Moment des Schmerzes auch B. In der Werkstatt ihres Hauses hantierte sie schon einmal mit einem Strick, dann dachte sie an Medikamente. »Dieses Gift, mit dem er sich das Leben genommen hat, das hatten wir sogar zu Hause. Das war Propofol und noch ein anderes Narkotikum, dessen Name mir nicht einfällt. Zuerst dachte ich, ich könnte das einfach trinken. Nachdem meine beste Freundin und meine Tochter von Beruf Krankenschwestern sind, habe ich ganz nüchtern überlegt, meine beste Freundin zu fragen, ob man sich das injizieren muss. So kranke Gedanken hatte ich im Kopf, so weit war ich gekommen. Aber dann habe ich an meine Kinder gedacht und mir wurde klar, das kann ich ihnen nicht antun.«

Wein als Balsam und Medizin

B. ging wöchentlich zu einer Psychologin, die sie anderthalb Jahre lang begleitete. Später begab sie sich in psychiatrische Behandlung. Das verschriebene Antidepressivum nahm sie vier Wochen lang, setzte es dann aber mangels spürbarer Wirkung wieder ab. Stattdessen griff sie zu einer anderen Medizin: Alkohol.

»Begonnen habe ich ziemlich bald nach dem Suizid meines Mannes. Allerdings habe ich nie untertags getrunken. Aufgrund meines Berufes kennen mich ziemlich viele Leute. Vor denen habe ich es verheimlicht, weil ich mich zu sehr geschämt hätte. Aber nachdem ich alle meine Arbeitsaufgaben und den Haushalt erledigt und meistens meiner Mutter noch einen Besuch abgestattet hatte, ist es losgegangen. Anfangs habe ich ja nicht viel vertragen, da war ich mit zwei Vierteln Wein schon am Limit. Das hat sich bald gesteigert – der Körper will ja immer mehr –, bis ich meine zwei Flaschen pro Abend brauchte. Weinflaschen, ich habe nur Wein getrunken. Das war wie Balsam für mich, da habe ich mich komplett wegschalten können.«

Schon bald zeigten sich die Kinder, vor allem der noch bei B. wohnende Sohn, besorgt. Sie redeten der Mutter zu, versuchten ihr Mut zu machen, drängten sie aber auch ungeduldig, aufzuhören. Dabei trank sie sehr unauffällig, nur zu Hause und nur abends. »Ich bin einfach vor dem Fernseher gesessen. Zugeschaut habe ich nicht, das war nur eine Geräuschkulisse. Manchmal habe ich gestrickt. Verändert habe ich mich kaum. Ich wurde nicht unkontrolliert, aggressiv oder laut, im Gegenteil, ich wurde ruhiger. Aber die Kinder haben es mir natürlich angesehen, wegen des Blickes und weil ich so verlangsamt war. Und das akzeptierten sie immer weniger. Aber der Alkohol hat meinen Kopf freigemacht, oder eigentlich meine Seele. Dieser enorme Druck, der mich den ganzen Tag belastet hat, war weg. Ich litt so sehr unter dieser Schwere und dem inneren Druck, dass ich meinen eigenen Körper nicht mehr spürte. Es war Wahnsinn. Ich wollte mich einfach wegbeamen.«

Am Abend Entspannung, am darauffolgenden Morgen der Kater. Obwohl sich nach einiger Zeit neben Kopfschmerzen und den üblichen Katerbeschwerden auch immer häufiger ein leichtes Zittern der Hände einstellte, gestattete sich B. höchstens ein Aspirin C, niemals den berüchtigten morgendlichen Katertrunk. Schlechtes Gewissen, die Angst vor der Sozialkontrolle im Ort und die Scham verhinderten das. Eine so tief sitzende Scham, dass B. ihr Trinken selbst vor der Psychologin sehr lange verheimlichte. Ebenso geheim musste die Besorgung des Weins erfolgen, in weiter entlegenen Ortschaften, wo man sie nicht persönlich kannte. Wenn schon am frühen Abend abzusehen war, dass die besorgten zwei Flaschen nicht reichen würden, fuhr B. zu einer Tankstelle, oft eine halbe Autostunde entfernt, um nicht gesehen zu werden. Und natürlich bat sie dort gleich um eine Geschenk-Verpackung, als müsste sie den Wein irgendjemandem mitbringen.

So ging das dreieinhalb Jahre lang. Der Druck der Kinder wurde immer stärker. Sie fanden ihre Flaschen in allen Verstecken – im Kleiderschrank, im Keller, in der Garage und im Auto. Sie schafften ein Alko-Testgerät an, dessen Gebrauch B. aber verweigerte. »Den Gesprächen mit den Kindern bin ich, so gut es ging, ausgewichen. Und als mein Sohn eines Tages zu mir sagte: ›Schau, dadurch kommt der Papa auch nicht wieder‹, antwortete ich: ›Ja, das weiß ich, aber ich komme einfach mit meinem Leben nicht mehr zurecht, ich habe keine Freude mehr am Leben.‹«

Erkenntnis und Eingeständnis der Sucht

Psychologin und Psychiater waren wichtige Stützen. Das Bedürfnis, sich jeden Abend wegzubeamen, den Leidensdruck durch Alkohol zu lindern, die bedrückenden Gedanken zu ertränken, konnten sie B. nicht nehmen. »Jeden Tag fieberte ich dem Abend entgegen. Ha, nur noch zwei Stunden, dann kommt die Beruhigung! Diese Beruhigung war mir so unheimlich wichtig geworden, dass ich schon begann, mich dafür selbst zu hassen.« B. musste sich eingestehen, dass sie sich die Abende ohne Wein nicht mehr vorstellen konnte, dass sie ihn brauchte, auch wenn es längst kein

Genuss mehr war. »Die Erkenntnis war bitter: ich bin abhängig, süchtig.« Ihre Psychologin empfahl ihr dringend eine stationäre Behandlung in Kalksburg und leitete diese auch in die Wege. Alles sehr diskret natürlich. Außer der engsten Familie und der besten Freundin wusste niemand Bescheid. Offiziell war B. auf Kur. Der erste und wichtigste Schritt zur erfolgreichen Behandlung der Sucht war getan, nämlich das Erkennen und Eingestehen der krankhaften Abhängigkeit. Den Aufenthalt in der Klinik und die Therapien empfand B. als durchwegs positiv. »Es war das Beste, was mir passieren konnte. Ich hatte es notwendig, denn alleine hätte ich es nie geschafft aufzuhören. Überraschenderweise hatte ich nicht einmal während der ersten Tage unangenehme Entzugserscheinungen. Deshalb wurde auch die Entzugsmedikation nach drei Tagen beendet. Seelisch hat mir sehr geholfen, unter Gleichgesinnten zu sein, zu sehen und zu spüren, dass ich nicht die Einzige mit diesem Problem bin. Außerdem habe ich durch das Therapieangebot neue Talente in mir entdeckt. Die Liebe zum Malen und Töpfern zum Beispiel. Das hatte ich nie versucht und ich will es auch unbedingt weitermachen. Wenn ich male, beruhigt mich das sehr und ich habe den Kopf komplett frei. Und meistens kommt auch etwas Schönes dabei heraus. Nachdem ich das ja nur für mich mache und nicht, um etwas zu verkaufen, macht es wirklich Spaß.«

Ihre Fortschritte und die ersten Therapieerfolge bemerkte B. schon während des Aufenthalts in Kalksburg. Nach den ersten zehn Tagen wird den Patienten und Patientinnen bewusst tageweise Ausgang gewährt und es wird ihnen auch die Übernachtung zu Hause empfohlen, um sich in der »wirklichen Welt draußen« zu erproben. »Ich war auch an Orten, wo Alkohol getrunken wurde. Das habe ich bewusst gemacht. Ich war in einem Pub, beim Heurigen und bei Freunden eingeladen. Dabei habe ich sie gebeten, nicht auf mich Rücksicht zu nehmen. Jeder soll das trinken, was er immer getrunken hat. Und es hat mir überhaupt nichts ausgemacht. Natürlich war im Hinterkopf das Wissen, dass ich ja bei der Rückkehr in die Klinik per Alkomat kontrolliert werde. Aber ich glaube und hoffe, dass ich das auch ohne Kontrolle schaffen werde. Ich will abstinent bleiben, ganz, für immer. Weil ich weiß, dass wenn ich ein Achterl trinke, dann komme ich auf den Geschmack. Das läuft dann wieder, immer mehr und immer mehr. Ich kenne das von den Zigaretten. Ich habe immerhin sechs Jahre nicht geraucht und doch wieder angefangen. Aber jetzt bin ich optimistisch, absolut optimistisch.«

Für alle Kalksburg-Patienten ist nach der Entlassung aus der stationären Behandlung eine ambulante Nachbetreuung in Therapiegruppen für lange Zeit, oft für mehrere Jahre, vorgesehen. Auch für B.S.

Umfallen, sich aufrappeln, umfallen

E. L. L. ist von Beruf Maurer, Maler, Tapezierer, Boden-
und Fliesenleger – Arbeiter im Innenausbau nennt sich das
heutzutage. Er ist 53 Jahre alt und hat sein Leben lang hart
gearbeitet. Sein zerfurchtes Gesicht erhellt sich ein einziges
Mal im Laufe unseres Gesprächs, als er nämlich von seiner
Kindheit erzählt, seiner Zeit als Zirkuskind. »Ich habe eine
wunderschöne Kindheit gehabt. Omas Liebling, immer unterwegs und immens viele Eindrücke. Andere Kinder wach-
sen mit Meerschweinchen und einem Hund auf, ich hatte
Löwen, Tiger und Elefanten. Das ist schon was Besonderes,
die Zirkuswelt. Und meine Mutter war eine sehr gute Mutter. Später habe ich mir tausendmal gesagt, ›eigentlich hätte
sie einen ganz anderen Sohn verdient als so einen wie mich‹.
Aber sie hat immer gesagt: ›Egal was du machst, ich halte
immer zu dir, du bist mein Sohn‹ – und so war es auch ein
Leben lang.«

Die Mutter war Trapezkünstlerin beim Zirkus Medrano,
dem österreichischen, in den Urkunden auch Medrano-
Swoboda genannt. Der Burgenländer Ludwig Swoboda hatte 1904 in Wien den »Circus Lajos« gegründet, der 1920 nach
dem berühmten Pariser Vorbild in Medrano umbenannt
wurde und jahrzehntelang erfolgreiche Tourneen durch
die halbe Welt absolvierte. Seinen Vater hat E. nie wirklich
kennengelernt. Er war Alkoholiker »und wohl ein unguter
Hund«, meint E. Jedenfalls hat er seine Frau früh verlassen.

Der Alkohol war es auch, der dem Leben von E.s Mutter und somit auch seinem eine abrupte Wendung gab. Der Bruder seines Vaters war am Trapez ein »Fänger«. Auch er trank oft und viel, heimlich, weil das im Zirkus eigentlich verpönt war. Eines Abends versagte der Onkel, konnte E.s Mutter in der Luft nicht auffangen. Sie stürzte 15 Meter in die Tiefe, erlitt schwere Rücken- und Wirbelsäulenverletzungen, musste ihre Zirkuskarriere beenden und sesshaft werden. E. war sechs Jahre alt, als er sein Paradies verlor.

Eintritt in die Welt der Gifte

»Meine erste Sucht war das Rauchen, Zigarettenrauchen. Damit habe ich als Volksschüler begonnen, da war ich acht. Ich weiß nicht, was mich da geritten hat. Wahrscheinlich, weil ich es bei den Erwachsenen gesehen habe. Obwohl mir ja anfangs immer furchtbar schlecht davon wurde und es mir den kalten Schweiß ins Gesicht trieb, bin ich auf den Geschmack gekommen und habe wirklich regelmäßig geraucht. Die Mutter roch es nicht, weil sie ja selbst Raucherin war, und Vater war keiner da. Erst als die Mutter mehrmals in die Schule zitiert wurde, weil man mich immer wieder rauchend am Klo und am Schulhof erwischt hatte, versuchte sie es mir zu verbieten. Drohung mit Hausarrest und so, weil geschlagen hat sie mich nie, niemals.« Die Drohungen blieben erfolglos.

Rauchend machte E. auch die Bekanntschaft mit einem anderen Gift und seiner zweiten Sucht: Haschisch. Er war noch keine 13 Jahre alt, aber ein guter Läufer, ein »super Fußballer« und er hatte immer die schönsten Fußbälle. Deshalb war er in einer Gruppe älterer Jugendlicher willkommen. »Diese Typen waren zwischen 16 und 18. Die haben sich schon gespritzt und sonst auch alles Mögliche konsumiert. Damit ich auch was abbekomme, gaben sie mir halt ein kleines Stück Hasch.« Hasch, oder später Gras, wurde zum ständigen Begleiter. Zu anderen Substanzen dazu oder dazwischen drin. Als besorgniserregende Sucht empfand E. das nie. Aber auch die ließ nicht lange auf sich warten.

»Als ich mit meiner Lehre anfing, da habe ich mit dem Alkohol begonnen. Die Mengen haben sich innerhalb kurzer Zeit rasant gesteigert. War ich vorher nach drei Bier schon angetrunken, trank ich nach einem Jahr bis zu 15 Bier und einen halben Liter Schnaps. Nach einem weiteren halben Jahr bin ich an guten Tagen bis auf 20 Bier und einen ganzen Liter Schnaps gekommen. Total rasant ging das, zum Leidwesen meiner Mutter.«

Die Mutter arbeitete mittlerweile in einer Fabrik für Elektrogeräte, im Akkord. Häufig musste sie den Sohn morgens wachrütteln und zur Arbeit treiben. Ihr Schimpfen und Klagen nützte wenig, also wachte sie darüber, dass E. wenigstens den Pflichten in seiner Handwerkerlehre nachkam. Ihr Standardsatz: »Wenn du saufen kannst, kannst du auch arbeiten.« Daran hielt sich E. streng, während der Lehre und auch im späteren Leben. Zur Arbeit muss man erscheinen, das muss man einhalten, egal wie schlecht man sich fühlt. Er war auch immer ein fleißiger und guter Arbeiter, trotz großer Mengen Alkohol. »Bis Mittag hatte ich schon meine sechs Bier, um vier Uhr nachmittags waren es acht, manchmal zehn. Der Rest kam nach Feierabend. Ich war ja nicht der Einzige, die anderen haben auch alle gesoffen, schon in der Lehre. Viele waren aus dem Burgenland, die waren anders drauf, die haben Wein getrunken, einen Doppler oder anderthalb, also zwei bis drei Liter.« E. wurde zum schweren Alkoholiker.

Tabletten zum Alk

Mit 20 wurde E. erstmals Vater, ein zweites Töchterchen folgte drei Jahre später. Doch die Ehe und das Familienleben litten schon bald unter E.s Alkoholismus und seiner permanenten Unausgeglichenheit. »Zwei Jahre lang, von 1986 bis 1988, habe ich auch Tabletten genommen. Perdormal haben die geheißen. Das waren damals die stärksten Schlafmittel, die es gab. Die beruhigen, entspannen und helfen eben beim Einschlafen. Aber sie machen einen auch ziemlich fertig.« Perdormal gehört zur Gruppe der Barbiturate, Medikamente, die wegen ihrer starken Nebenwirkungen und wegen ihres hohen Suchtpotenzials in unseren Breiten praktisch aus dem Verkehr gezogen wurden. Angewandt werden sie nur mehr unter strengster ärztlicher Aufsicht bei Epilepsie und zur Narkosebegleitung. Bis in die späten 1980er Jahre waren sie jedoch auch in der Drogenszene verbreitet und wurden von den Konsumenten bewundernd »Blue Heaven«, »Blue Bird« oder »Sleeper's Peanuts« genannt.

E. machte dann etwas, was eigentlich bei jedem starken Suchtgift ein absolutes No-Go ist, einen sogenannten »kalten Entzug«. Er setzte die Tabletten einfach ab, ohne jegliche ärztliche Betreuung. »Da war ich schon im Krieg mit meiner Frau, weshalb sie zeitweise mit den Töchtern bei ihrer Mutter wohnte. Ich fasste den Entschluss, mit den Pulvern aufzuhören, damit wir uns wieder besser verstehen. Da hat es mich erwischt. Unglaubliche Zustände, Wahnvorstellungen und plötzlich einen epileptischen Anfall. Ich wollte unter die Dusche, bin erstarrt und rücklings umgefallen. Zum Glück war meine Frau gekommen, um die Wohnung sauber zu machen. Die hat einen fürchterlichen Schock erlitten und ich bin im Krankenhaus aufgewacht. Nach drei Tagen haben sie mich entlassen und mir ein Antieptileptikum verschrieben, Epilan-D. Aber die Pulver waren schlimmer als die Drogen selbst. Die waren so stark und viel zu hoch dosiert, sodass ich sogar auf der Straße zusammengebrochen bin. Sobald ich auf die Beine gekommen war, hat es mich schon wieder umgehauen. Diese Medikamente haben mich wirklich fertiggemacht, aber ich hab auch das überlebt.«

Überlebt hat E. noch einiges in seinem Leben. Aber vorerst hielt ihn der Schock, den ihm der kalte Tablettenentzug und der epileptische Anfall bereitet hatten, nicht davon ab, weiterzutrinken. Seine Frau trennte sich endgültig von ihm und verwehrte ihm über mehrere Jahre den Kontakt zu seinen Töchtern. E.s körperlicher und seelischer Zustand hatte sich mittlerweile dermaßen verschlechtert, dass er zum ersten Mal nach Kalksburg musste, mit 32. Die fast fünfmonatige Entziehungskur zeigte Wirkung. 13 Jahre lang blieb E. trocken. Das betraf allerdings nur den Alkohol. Denn das mit dem Crack, dem Heroin und dem Kokain, das ist wieder eine ganz andere Geschichte.

Der Skywalker

Drei Jahre nach dem erfolgreichen Alkoholentzug turnte E. im Auftrag einer Leihfirma am Rohbau des damals höchsten Gebäudes Europas, der Commerzbank in Frankfurt, herum. Das war sehr riskant, extrem anstrengend, aber außerordentlich gut bezahlt – umgerechnet an die vier- bis fünftausend Euro im Monat, und zwar netto, wenn man sich alle 180 Tage kurz abmeldete. Viel trinken war da kaum möglich, es gab höchstens nach der Arbeit zur Belohnung ein Bier und einen Joint. Um monatelang die 12- bis 14-Stunden-Arbeitstage zu schaffen, tat es E. vielen seiner Kollegen gleich: er rauchte Crack. Er sah darin auch keinen echten Drogenkonsum, sondern nur eine etwas besondere Art des Dopings. »Das habe ich immer nur dann geraucht, wenn die Müdigkeit zu groß wurde. Da war ich dann drei Tage in Folge wie aufgezogen, richtig geklont, kräftig, hellwach und absolut klar im Kopf, bis der Absturz kam. Zwei Tage lang war man dann vollkommen fertig.« Mit gewieften Tricks und der Hilfe der Kollegen gelang meistens die Erholung. E. war nicht der Einzige unter den mehreren hundert Arbeitern, die morgens auf der Baustelle erschienen, um möglichst bald wieder in Richtung Schlafstätte zu verschwinden. So überstand er auch dieses Jahr.

Der Unfall und das Heroin

Der Alkohol war verbannt, das Crack vergessen. Neben den ärztlich verordneten Psychopharmaka genehmigte sich E. gelegentlich einen Joint, blieb aber für seine Verhältnisse recht stabil. Ein schwerer Motorradunfall stellte dann jedoch alles auf den Kopf und führte E. in die nächste Sucht. Er lag wörtlich zertrümmert im Krankenhaus: dreizehn Knochenbrüche, Sehnenriss, Bänderriss. Die Heilung schritt sehr langsam voran, machte aber anfangs immerhin Fortschritte, bis sie irgendwann stagnierte. E. konnte sein Bein nicht mehr abwinkeln. Es stand die Befürchtung im Raum, dass er für immer behindert bleiben würde. Eine ernste Depression war die Folge. »Ein guter Freund, der mitbekommen hatte, dass ich vollkommen am Boden war, steckte mir ein Briefchen zu und meinte: ›Schau, das wird dir helfen, da wird's dir besser gehen.‹ Na, hab ich das halt geschnupft. Und in der Tat war ich gleich viel besser drauf. Das hat mich mental wirklich aufgebaut.«

Die Heilung setzte nach einiger Zeit wieder ein, aber E. kam vom Heroin nicht mehr los. Es beruhigte, dämpfte die Schmerzen, verscheuchte die beängstigenden Gedanken. Also schnupfte E. auch nach der Entlassung aus dem Krankenhaus weiter, bis zu einem Gramm am Tag, je nach Stärke und Qualität des Pulvers, zwei Jahre lang. Das ging nicht gut. »Ich habe alles schleifen lassen. Die amtlichen Dinge, selbst die Miete habe ich nicht mehr bezahlt, privat alles vernachlässigt und mich gehen lassen, bin immer tiefer und tiefer gesunken. Bis mich letztlich meine Mutter wieder auf die Beine gestellt hat. ›E., das geht so nicht‹, hat sie zu mir gesagt, und ›bitte reiß dich zusammen, du machst mich fertig‹. Das war ein Stich ins Herz, denn meine Mutter war mir sehr viel wert.«

E. suchte Hilfe. Nach dem körperlichen Entzug verbrachte er ein halbes Jahr beim Grünen Kreis, einer öffentlich finanzierten Vereinigung zur Behandlung von Süchtigen. Der stationäre Aufenthalt in den auf Höfen am Land angesiedelten Therapiegemeinschaften ist auf die Aktivierung der Selbstverantwortung ausgerichtet und streng geregelt. Zu den zentralen Elementen der Therapie gehören die Mitarbeit bei der eigenen Versorgung, Motivationsmärsche und körperliche Ertüchtigung.

Wenige Monate nach dieser Rehabilitation wurde E. schon wieder rückfällig. Zwei Jahre später, 2004, ein neuerlicher Anlauf. Wieder Entzug und wieder Grüner Kreis. Doch diesmal brach E. die Therapie nach fünfeinhalb Monaten ab. Die strikten Regeln, die streng hierarchische Behandlung, selbst durch junge Aspiranten, wollte er nicht länger ertragen. Und es dauerte nicht lange, bis alles von vorne losging. Diesmal mit Mohnkapseltee, gelegentlichem Opiumrauchen und schließlich wieder Heroin, aber immer nur nasal, also schnupfend, betont E.

Kokain und das Hirngewitter

Nach mehr als einem Jahr trieb es E. in großen Schritten weiter in Richtung Selbstzerstörung. Mehr Stoff, eine neue Substanz und härtere Methoden. Und wieder einmal war die soziale Umgebung ausschlaggebend. »Na ja, fixen habe ich erst gelernt, als ich in neue Kreise hineingeraten bin. Dort war es gang und gäbe, dass man schießt, weil der Stoff durch die Nadel natürlich einen ganz anderen Flash bewirkt.« In den neuen Kreisen kam E. auch auf den Geschmack eines anderen Pulvers, das er bis jetzt kaum probiert hatte: Kokain. Weil es nicht träumerisch, müde und lethargisch machte, sondern wach, aufgekratzt, und neben dem Wohlbefinden auch Energie bescherte. Das war auch gut für die Arbeit.

Lange Zeit konsumierte E. das Kokain nur nasal, doch dann empfahl man ihm, es einmal mit einem Schuss, also intravenös, zu probieren. Das sei das Höchste. In der Tat. »Da hast du einen extremen Gewittersturm im Kopf, das glaubst du nicht, immens, Euphorie pur. Das will man dann eben immer wieder erleben. Aber mit dem sind schon etliche wegen einer Überdosis draufgegangen, denn normalerweise bekommt man auf der Straße ja kaum gute Ware, die ist meistens gestreckt. Und plötzlich spritzt du dir die gleiche Dosis wirklich guten Kokains, ohne es zu wissen. Ist mir auch passiert, zwei Mal. Innerhalb von Sekunden hat es mich extrem gebeutelt, ich wusste nicht mehr, was mit mir geschieht. Plötzlich ist die Angst aufgestiegen, richtige Panik. Mir schoss durch den Kopf, ›Alter, das ist eine Überdosis, jetzt bist du gleich dahin, das war's jetzt‹. Der Schock war so groß, dass ich das ganze Zeug sofort weggeworfen habe. ›Aus, nie wieder mach ich das‹, dachte ich mir und habe nur gehofft, dass es irgendwie vorbeigeht. Gleich darauf ließ ich mich substituieren.«

Also keinen kalten Entzug mehr. Diese Lektion hatte E. gelernt. Er holte sich Hilfe und wurde mit dem Substitutionsmedikament Methadon stabilisiert. Heroin und Kokain rührt E. seither nicht mehr an, das ärztlich verschriebene Methadon erhält er in der Apotheke, seit acht Jahren.

Zurück zur Mutter

Selbst nach schweren und längeren »Umfallern« immer wieder Arbeit zu finden, ist für E. nicht schwer, er bleibt immer im selben Betrieb. Mit dem Firmenbesitzer ist E. seit 27 Jahren befreundet. »Er ist wirklich ein guter Freund. Er hat alle meine Hochs und Tiefs mitbekommen, einige sogar mitgemacht. Er weiß, dass ich ein super Arbeiter bin und schätzt mich.«

E.s Mutter war mittlerweile 78 Jahre alt geworden, geschwächt und betreuungsbedürftig. Nach dem Tod ihres zweiten Ehemanns übersiedelte E. zu ihr in die Wohnung, um für sie zu sorgen. Jeden Abend nach der Arbeit kochte er für den nächsten Tag und verrichtete das Nötigste im Haushalt, am Wochenende kümmerte er sich um die Wäsche und die Reinigung der Wohnung. Die Mutter war nicht an einen

Rollstuhl oder ans Bett gefesselt, aber sehr geschwächt. Sie wollte in ein Heim, um E. nicht zu überfordern. Das lehnte er strikt ab. Ein Leben lang war sie die einzige Person gewesen, die verlässlich für ihn da war, ihm geholfen und ihn wieder aufgerichtet hatte. Jetzt, fand er, sei es seine Pflicht, für sie da zu sein.

Nach sechs Jahren der überraschende Tod. »Zu Silvester, vier Stunden vor Mitternacht, ist sie in meinem Beisein an akutem Herz-Kreislauf-Versagen gestorben. Sie hat den Kopf gesenkt, und weg war sie. Das hat mich schwer getroffen. Ich bin in eine Art Schockstarre verfallen. Die ersten Monate habe ich nur mehr funktioniert wie eine Maschine, bis ich überhaupt realisiert habe, dass die Mutter einfach nicht mehr da ist. Da war nur mehr ein tiefes Loch.«

Wieder begann eine Talfahrt, aber anders als bisher. Um nach der Sterbensangst durch den Kokain-Schock nicht mehr rückfällig zu werden, hatte E. den Kontakt zu seinen früheren Freunden ausnahmslos abgebrochen. Sechs Jahre lang gab es nur die zu pflegende Mutter und die Arbeitskollegen. Die soziale Isolation hatte E. schon seit einiger Zeit schwermütig gemacht, trotzdem trank er lediglich zwei kleine Bier am Abend, am Wochenende ein paar mehr. Nicht ein einziges Mal sei er betrunken gewesen. Die ärztlich verschriebenen Antidepressiva, die Schlafmittel, das Methadon und die Pflicht gegenüber der Mutter verhinderten jeden Absturz. Doch nach dem Tod der Mutter steigerte sich die Schwermut zur massiven Depression.

An einem Samstagnachmittag griff E. zu Schlaftabletten. »25 Zoldem und 40 Trittico hab ich eingeworfen. Ich wollte Schluss machen.« Weil er weder zur Arbeit erschien noch am Telefon antwortete, standen am vierten Tag ein Arbeitskollege und Polizisten vor der Tür. »Die haben geklopft und gelärmt, als wollten sie die Türe einrennen. Davon bin ich aufgewacht. Vollkommen mit Kot und Urin verdreckt, die Wohnung ein einziges Schlachtfeld, als hätte ich getobt. Und ich schwankend auf den Beinen. Da begann es in meinem Kopf zu dämmern. Mir wurde langsam klar, dass ich eigentlich weg sein sollte.« Obwohl er zerstört aussah, konnte E. seinen Kollegen und die Polizisten beruhigen und glaubwürdig versichern, dass er nur »übertrieben« habe, aber nicht gefährdet sei. Nach einigen Krankenstandstagen ging er wieder zur Arbeit, brach dort abermals zusammen und musste dringend in die Psychiatrie eingeliefert werden. Nach einer mehrwöchigen Behandlung wurde er schließlich in Kalksburg aufgenommen, zwecks Alkohol- und Medikamenten-Entzug, für die Dauer von vier Monaten. Allerdings diesmal in der streng abgeschotteten Abteilung für Abhängige von harten Drogen, weil er ja nach wie vor Methadon erhält.

Unser Gespräch fand kurz vor E.s Entlassung statt. Er war gut in Form und voller Zuversicht. »Ich werde ein halbes Jahr arbeiten, dann möchte ich unbedingt den Methadon-Entzug machen. Jetzt stehe ich wieder mit beiden Füßen im Leben, ich bin voll aufgebaut und fühle mich gut. Was passiert ist, habe ich ad acta gelegt. Ich bin wieder voller Tatendrang, jetzt beginnt das neue Leben, quasi mein zweites Leben. Jetzt werde ich schauen, dass ich in meinem restlichen Leben ohne Substanzen auskommen kann.«

Stoned – Steine auf der Seele

J. H. St. ist 38 und liebt Aufzählungen, schnell und präzise vorgetragen. Beruf? Elektrotechniker, Schweißer, Landschaftsgärtner, diplomierter Kräuterpädagoge und Tausendsassa. Ledig, keine Kinder. Drogen? Heroin, Kokain, LSD, Ecstasy, MDMA, Amphetamine, Magic Mushrooms, Haschisch und Marihuana. Alkohol gelegentlich.

Nach Kalksburg gekommen ist J. zur Behandlung seiner Abhängigkeit vom Gras. Ja, auch von Haschisch und Marihuana kann man abhängig werden, wenn auch nicht körperlich, sondern »nur« psychisch. Die vielen harten Drogen hat J. vor acht Jahren hinter sich gelassen. Aufgrund seiner Vorgeschichte ist er trotzdem im kleinen »Sonderpavillon« in Kalksburg untergebracht, wie E., das Zirkuskind. Also abgesondert von den anderen fast 300 Patienten, mit eigenem Garten, eigener Kantine, Therapien wie Morgengymnastik, Wirbelsäulengymnastik, Fitness-Studio oder Körperwahrnehmung nur in der Gruppe und mit einem eigenen Betreuer, seltene und kontrollierte Freigänge, Telefonate nur im Beisein einer Pflegeperson – all das, um der Versuchung zuvorzukommen, die Kontakte zu alten Drogenkumpanen und Dealerkreisen zu pflegen. Dafür erhalten die Insassen wenn nötig Drogensubstitutions-Medikamente, die selbst abhängig machen, wie etwa Methadon, und die wiederum einen späteren Entzug von diesen erfordern. Die Aufenthaltsdauer beträgt in der Regel vier Monate. Neben der wesentlich strengeren Überwachung ist auch die therapeutische Betreuung intensiver.

Hie und da einen Joint mit Freunden hat J. ab seinem 15. Lebensjahr geraucht. Mit den harten Drogen begann alles erst fünf Jahre und etliche Familienkrisen später. »Geboren wurde ich in München. Meine Eltern waren aus der Steiermark dorthin gezogen, um Geld für den Bau ihres Hauses zu verdienen. In diesem Haus in der Südsteiermark haben wir dann drei Jahre als Familie gelebt, bis es zur Krise kam. Meine Mutter entdeckte, dass mein Vater, der als Servicetechniker in ganz Österreich unterwegs war, da und dort Freundinnen hatte. Sie ließ sich scheiden und eines Montagmorgens ging sie mit mir zum vollbepackten Auto. Noch am selben Tag waren wir in Linz. Einfach so. Ziemlich mies. Keiner erklärte mir warum und weshalb, lange nicht. Ist einfach so, leb damit.« Der Kontakt zum Vater war gut, aber wegen der großen Entfernung spärlich. Alle paar Monate ein Telefonat und Besuche in den Weihnachts-, Energie- und Sommerferien. »Ich find es mies, dass eine Mutter ihr Kind entführen darf, aber ein Vater dafür eingesperrt wird. Das hat bei mir einen Riesenknacks verursacht, ganz einen riesigen.«

In Linz lebten J. und seine Mutter vorerst ein halbes Jahr im »Haus für Mutter und Kind« der Caritas, dann in einem kleinen Städtchen südlich von Linz. Als er im letzten Ausbildungsjahr an der Fachhochschule für Elektronik war, zog es die Mutter zurück nach Graz. »Nachdem der Großvater gestorben war, hatte die Mutter ein Haus in Graz gekauft und Arbeit gefunden. Ich musste ein halbes Jahr im Internat in Oberösterreich verbringen und war schwer enttäuscht, erzürnt und frustriert, weil sie mich schon zum zweiten Mal aus dem Leben riss, ohne mich auch nur zu fragen. Dabei hatte ich mich in Oberösterreich eingelebt, das war mein

Zuhause.« Nach erfolgreichem Schulabschluss und Ableistung des Präsenzdienstes beim Bundesheer begann J. zu arbeiten, in Graz. Und wohnte wieder bei der Mutter, zu der er bis heute ein ausgesprochen schlechtes Verhältnis hat. In der Zeit als Soldat nahm J. immer wieder an Saufgelagen mit Kollegen teil, aber erst als er zu arbeiten begann, lernte er die harten Drogen kennen.

Koks, Speed, Ecstasy – das Feuerwerk

»Wir waren so eine Runde von sechs bis acht Freunden und Freundinnen. Unter der Woche war ich viel auf Montage und am Wochenende gingen wir fort oder machten es uns zu Hause gemütlich. Da hörten wir Musik und machten uns eine Gaudi mit Koks, Speed, Ecstasy. Von da an habe ich ja alles genommen, was ich gerade in die Finger bekam, und zwar exzessiv, vor allem Heroin. Zum ersten Mal intravenös gegeben, also gespritzt, habe ich mir allerdings komischerweise nicht Heroin, sondern Koks. Irre! Schwer zu beschreiben. Das waren 20 Minuten Feuerwerk, das um die ganze Welt geht. Mein Puls war auf 500, mein Gesicht so rot, wie eine Ampel nur sein kann, und ich hatte totale Kurzatmigkeit. Ich dachte, ich muss sterben und es war trotzdem so schön. Ein unglaubliches Erlebnis, das war jenseits von Gut und Böse. Natürlich hatte ich auch große Angst, weil der Puls, das Herz und die Kurzatmigkeit so beklemmend waren. Seitdem habe ich Koks nur mehr selten gefixt und in kleineren Mengen.«

Drei Jahre lang dauerte dieser extensive Drogenkonsum. Die Gründe? Die gesuchte Wirkung? Sehr unterschiedlich. »Einfach entspannt abhängen, einfach wegschlummern vor dem Fernseher, wenn ich es allein machte. Alles wegschieben, was mich umgab. Die stressige Arbeit der ganzen Woche, die nervige Mutter, die dir wegen jedem Scheiß die Ohren vollsingt – alles wegschieben, alles ist Watte. So war es mit Heroin. Beim Koks war es hingegen der Flash, der Kick, die Energie, das Gasgeben ... Beim Ecstasy brauchte ich immer jemanden zum Reden. Ich nahm immer gleich zwei Tabletten, damit es so richtig scheppert. Dann suchte ich mir ein Opfer für meinen endlosen Redeschwall. Das brauchte ich. Und das Gras, das ging immer, das passte auch zu den anderen Substanzen, selbst zu Alkohol. Mit Alkohol und einem Joint wirst du noch weicher, gleichst dich noch mehr der Couch an, wie eine Folie.«

Breitgewalzt und ausgelaugt war J. auch an den Tagen, die auf Drogenexzesse folgten. »Das war wirklich mies. Diese Leere im Kopf, vor allem von den schnellen Drogen, den Partydrogen. Wenn ich nach Feiern oder von Clubbings heimging, war das nicht lustig. Draußen schon hell, die grelle Sonne direkt in die Augen stechend, ein Gesicht wie ein Vampir, das Gefühl ebenso, und die bohrende Frage: Was mach ich denn da? Irgendwie fiel mir da schon manchmal die Welt auf den Kopf. Schnell nach Hause und mit einem dicken Ofen oder einem Schuss zum Runterkommen ins Bett.«

Mit Gras gegen Heroin

Die erste Person, der sich J. in aller Offenheit anvertraute, war sein Stiefvater, der inzwischen mit ihm und seiner Mutter wohnte. »Das kriegen wir schon hin«, machte dieser ihm Mut. Sie fuhren nach Wien und suchten einen bekannten Drogenarzt auf. Der versuchte J. zu überzeugen, dass das beste und einzig sichere Mittel eine Behandlung mit dem Substitutionsmedikament Methadon sei. Doch J. sträubte sich hartnäckig dagegen. »Ich wollte nicht jeden Tag vor der Apotheke stehen und mein Safterl trinken müssen. Ich wollte nicht in der Auslage stehen. Ich wollte das selbst in der Hand haben und nicht in der Hand irgendwelcher Pharmazeuten sein. Von anderen Süchtigen hatte ich ja schon gehört, wie schwer man dann wieder von dieser Ersatzdroge wegkommt, viele schaffen es nämlich gar nicht.«

J. wollte seinen eigenen Weg gehen, mit Marihuana und Entschlossenheit. »Ich besorgte mir 20 Gramm sehr gutes Hollandgras, das bekanntlich besonders stark ist, und begann mich kalt ›runterzurauchen‹. Kalt insofern, als ich ja keine Medikamente nahm. Eine Woche lang waren die Entzugserscheinungen ziemlich heftig: Schüttelfrost, Kopfschmerzen, Schweißausbrüche – ich hatte alle möglichen Zustände. Ich trank viel Flüssigkeit, Toilette, dann ein ›Oferl‹. Das starke Gras beruhigte, machte müde, die Welt war in Ordnung und ich konnte einschlafen. Dieses Spiel wiederholte ich alle paar Stunden, bis es mir besser ging. Es hat funktioniert.«

Die Suchtverschiebung

Funktioniert hat zumindest der akute Entzug vom Heroin. Das ist nicht zu unterschätzen. Aber als Ersatzdroge brauchte J. halt Marihuana statt Methadon. Das Gras war zwar körperlich bekömmlicher und – was J. ja so wichtig war – es war ohne ärztliche Aufsicht und Kontrolle, ohne den ständigen und erniedrigenden Gang zur Apotheke erhältlich. Aber es war eben doch nicht vergleichbar vorbeugend vor Rückfällen. J. übersiedelte nach Wien, begann eine Schweißerlehre und arbeitete dann wieder sehr viel auf Montage. »Dort hatte ich schon bald einen guten Kumpel, mit dem ich mir manchmal wieder was Hartes erlaubte. Doch diese Rückfälle waren selten und nur tageweise, nie länger. Das passierte vielleicht fünf- bis achtmal im Jahr, aber dann ordentlich. Da kauften wir dann gleich g'scheit ein, gleich alles zusammen, Koks und Braunes. Da wurde dann geschossen und gezogen und gemma! Aber ich hatte überhaupt kein Problem, dann mehrere Wochen, ja oft monatelang nichts mehr anzurühren. Das wäre anders auch gar nicht gegangen. Ich war verliebt, hatte sieben Jahre lang diese wichtige Beziehung und meine Freundin nahm gar keine Drogen, rauchte höchstens einmal bei einem Joint mit. Aber geraucht hab ich natürlich ständig, die ganze Zeit. Im Endeffekt hatte ich eine Suchtverlagerung aufs Kiffen gemacht.«

Gearbeitet hat J. in dieser Zeit hart. Als Schweißer hat er ein Stück Wiener U-Bahn mit gebaut, dann kam es zu einer Art Wiedervereinigung mit seinem Vater. In dessen Firma wurde ein Servicetechniker gesucht. J. nahm den Job an, obwohl er dadurch deutlich weniger verdiente. Er wollte gemeinsam mit dem Vater arbeiten und mit ihm Zeit verbringen. Doch nach drei Jahren hatte sich sein Zustand ernsthaft verschlechtert. Arbeitsstress und immer mehr Gras trieben J. in ein Burn-out. »Ich hab das Firmenhandy in die Ecke geworfen und war für zwei Wochen für niemanden erreichbar, bis die Eltern mit dem Schlüsseldienst vor der Tür standen. Auch von meiner Freundin war ich vorübergehend getrennt. Ich war einfach fertig. Als ich nach Wien kam, hatte ich anfangs höchstens einen oder zwei Joints am Tag geraucht. Dann wurden es mehr, und je größer die Arbeitsbelastung war, umso häufiger rauchte ich bis spät in die Nacht. Umso schwerer fiel es mir natürlich am nächsten Tag, wieder ins Auto zu steigen, zum nächsten Kunden zu fahren, den Arbeitstag zu ertragen. Und je mehr ich am Wochenende zur Arbeit musste, umso mehr habe ich wieder geraucht. Eigentlich zur Stressbewältigung, bis ich nicht mehr konnte.«

Wegen des Burn-outs kam J. erstmals in psychiatrische Behandlung. Gleich dreimal in Folge wurde er stationär aufgenommen und erhielt psychotherapeutische Hilfe, bis er stabilisiert war. Das half zwar, aber nicht wirklich nachhaltig. »Ich war noch zu jung damals, noch nicht weit genug, und die Aufenthalte in den Kliniken waren wahrscheinlich zu kurz, um mich voll und schonungslos mit den Ursachen meiner psychischen Probleme zu befassen.«

Harte Drogen hat J. seit mehr als acht Jahren nicht mehr angerührt, die Abhängigkeit von Marihuana steigerte sich hingegen. »Beim Kiffen bin ich wohl ein Sonderfall, weil es ja wenige Leute gibt, die so stark abhängig werden. Für mich ist die Wirkung von Gras der von Heroin sehr ähnlich. Wenn man nämlich genug raucht, wird man wie beim Heroin müde, dämmrig und schläft irgendwann ein. Und mein Suchtverhalten unterschied sich kaum von jenem bei Abhängigkeit von anderen Substanzen. Ich wurde apathisch, zog mich vollkommen zurück, sperrte mich zu Hause ein, wurde zum Eremiten. Kontakt hatte ich nur mehr zur Kassiererin im Supermarkt und zu meinem Dealer. Monatelang. Ich wollte nicht mehr raus, nicht mehr telefonieren, nichts mehr hören, nichts mehr wissen, gar nichts – nur kiffen und sonst nichts. Es war eine einzige Depression.«

Besseres hätte mir nicht passieren können

Trotz des schon autistisch anmutenden Suchttunnels und der tiefen Depression brachte J. die Kraft zur kritischen Selbstreflexion auf. »Irgendwann sagte ich zu mir selbst: ›Im Grunde genommen bist du ja halbwegs intelligent, tageslichttauglich auch noch, anständige Berufe erlernt hast du auch, aber du machst nichts daraus.‹ Plötzlich wollte ich nicht mehr so weitermachen. Ich wollte – und ich will – die Sucht bekämpfen, ein für allemal.« J. recherchierte im Internet, wog die verschiedenen Möglichkeiten und Therapieangebote ab. »Eines Tages habe ich meinen Rucksack gepackt und bin ins Otto-Wagner-Spital gefahren. Eigentlich dachte ich an die Psychiatrie. Nachdem ich ihm in Kürze meine Geschichte und meine Lage geschildert hatte, meinte der diensthabende Arzt, ich solle doch eher einen Drogenentzug machen und eine Suchttherapie beginnen, auch wenn es sich bei mir nur um Gras handelte.« J. willigte ein, die Spitalsärzte klassifizierten ihn als Dringendfall, sorgten für einen Platz in Kalksburg und sogar dafür, dass J. am darauffolgenden Morgen von zwei Sozialarbeitern zu Hause abgeholt und in die Klinik begleitet wurde. »Heute noch bin ich der Ärztin, die das alles in die Wege geleitet hat, dankbar. Was Besseres hätte mir nicht passieren können.«

Während des Langzeitaufenthalts in Kalksburg öffnete sich J. während der Therapiestunden auf bisher unbekannte Weise. »Durch die so lange und intensive Betreuung und die Möglichkeit, auch außerhalb der planmäßigen Therapiesitzungen jederzeit mit einem Arzt oder Therapeuten reden zu können, habe ich das Vertrauen gewonnen und auch den Mut, Dinge anzusprechen, die ich noch nie ausgesprochen hatte. Vor allem das mit den sexuellen Übergriffen, als ich ein Bub war, in der Zeit zwischen meinem sechsten und achten Lebensjahr. Zwei ältere Jungen aus der Nachbarschaft haben mich oft zu homosexuellen Spielchen überredet. Ich wollte zwar nicht, aber die meinten, ›das ist doch ganz normal, machen ja alle, das gehört zum Erwachsenwerden‹, und da habe ich eben mitgemacht. Heute weiß ich, dass mich das traumatisiert hat, weil das mit sehr großer Scham verbunden war. Ich bin ein heterosexueller Mann, aber durch das Mitmachen bei diesen homophilen Spielen kamen Zweifel in mir auf – bin ich jetzt das eine oder das andere, oder beides, oder was eigentlich? Diese Erfahrungen hatte ich bis heute in einem ganz sicheren Safe eingesperrt. Zuerst hatte ich sie überhaupt verdrängt. Interessanterweise sind die Erinnerungen, so wie andere Kindheitserinnerungen auch, erst wieder durch den Drogenkonsum in aller Klarheit aufgetaucht. Die sexuellen Übergriffe ganz konkret, als ich auf Ecstasy war. Aber den Mut, darüber zu sprechen, hatte ich bis zur Therapie hier in der Klinik nicht gefunden.« Auch über sein gestörtes Verhältnis zur Mutter hat J. erst im Zuge dieser Therapie gelernt, ehrlich und offen zu sprechen und kritisch nachzudenken. »Vor nicht allzu langer Zeit war ich bei ihr in der Steiermark. Als ich sie mit meinen schmerzhaften Erinnerungen aus der Kindheit konfrontierte, reagierte sie nur mit Unverständnis oder erinnerte sich gar nicht mehr an gewisse Dinge wie die bei Hieben zerbrochenen Kochlöffel. Sie hat mich so in Rage gebracht, dass ich ihr eine runtergehauen hab. Und es hat richtig gut getan, es war so richtig befreiend, mir ist ein schwerer Stein von der Seele gefallen. Ist natürlich sehr problematisch und tut mir weh, weil es meine Mutter ist. Da gibt es fast eine Art von Hass, aber am meisten hasse ich sie dafür, dass sie mich so weit gebracht hat, dass ich sie hasse.«

Schmerzhaft sei so vieles, was im Zuge der Therapie aus dem Verborgenen hervorgebrochen sei, meint J., und er will sich mit seinen psychischen Problemen auch nach Kalksburg in ambulanter Behandlung weiter beschäftigen. Und selbstverständlich den Rückfall in die Sucht vermeiden. »Mindestens ein Jahr lang darf es überhaupt keine Substanzen geben, auch keinen Alkohol. Ich weiß von zu vielen Erfahrungen anderer, dass bei uns Giftlern die Rückfälle mit dem Alkohol wieder anfangen. Das Trinken senkt einfach die Hemmschwelle, dann sehnt man sich nach einem Naserl oder einem Jolly, und schon ist man wieder drinnen in der Spirale. Deswegen keine Substanz, mindestens für die Dauer eines Jahres. Sehr wohl möchte ich es aber schaffen, dass ich irgendwann, wenn ich bei meiner Familie in der Steiermark auf Besuch bin, bei unserem Lieblingswinzer zum Essen ein Glas Wein mittrinken kann. Ebenso möchte ich es schaffen, zum Fußballmatch im Fernsehen ein Bierchen zu trinken, ohne gefährdet zu sein, also ohne das Risiko, gleich wieder zu anderen Substanzen zu greifen. Weil der Alkohol nie mein Problem war und weil mittlerweile allein die Vorstellung, berauscht oder betrunken zu sein, nur Unbehagen auslöst. Also das möchte ich schon irgendwann schaffen.«

Das Leid mit den Männern

A. M. ist 50, geschieden, hat einen erwachsenen Sohn und war fast drei Jahrzehnte lang in der Pharmabranche tätig. Zuerst als Bürokraft, später als Chefsekretärin und Assistentin des Chefs. Nach Kalksburg kam sie wegen ihrer Abhängigkeit von Alkohol und Medikamenten. Der erste stationäre Entzug. Unter den vielen Patientinnen immer sofort erkennbar war die kleine, schlanke und adrett gekleidete A. wegen ihres karminroten Bubikopfs. Obwohl Raucherin, saß sie selten in der Runde am überdachten Rauchertisch im Freien, sondern häufiger allein oder mit Einzelpersonen plaudernd auf einer der Holzbänke im Park. Sie war nicht unaufgeschlossen, eher wählerisch im Umgang mit den anderen.

Als Jugendliche mochte A. Alkohol nicht besonders. Er schmeckte ihr nicht und ihr wurde schnell übel beim Trinken. Auch als Erwachsene trank sie nur gelegentlich. Also keine Initiation durch Sozialisierung, wie sie bei so vielen Alkoholkranken vorkommt, obwohl ihr Vater, dessen Brüder und letztlich auch ihre Mutter teils schwere Trinker waren. Oder vielleicht gerade deshalb. Nein, A. begann erst im Alter von 32 Jahren regelmäßig zu trinken. Da war sie schon lange verheiratet und Mutter, aber die Ehe scheiterte. »Ich war sehr verletzt. Ich wusste, dass er mich betrügt, dass er eine andere Beziehung hat. Und er stritt alles ab, log unentwegt. Ich hatte ihm in aller Ruhe gesagt: ›Du bist praktisch nie zu Hause und ich merke es ja. Wenn du wirklich glaubst, du hast es woanders besser, dann sag es mir. Ich leg dir nichts in den Weg. Wir sind beide noch sehr jung. Nur: keine Lügen! Das Einzige, was du mir schuldest, ist die Wahrheit.‹ Er warf mir vor, ich sei nicht normal, ich würde mir das alles nur einbilden, und drängte darauf, dass ich zum Psychiater geh. Wir haben das einige Male durchgespielt. Das hat mich fertiggemacht.«

A. hatte damals einen Fulltimejob in einem bekannten Pharmakonzern, der Sohn war neun Jahre alt. Ihr Verdacht war berechtigt, es gab »die andere«. Nach der Scheidung lebte ihr Ex-Mann 16 Jahre lang mit der ehemaligen Nebenbuhlerin. Besonders schwierig und demütigend war für A. die abrupte Trennung. »Er hat seine Sachen gepackt, als wir nicht zu Hause waren, und ging. Er war einfach weg. Mir hat vor allem mein Sohn leid getan. Der war so fürchterlich geschockt und gekränkt, dass sich sein Vater von ihm nicht einmal verabschiedet hat. Erklär das einmal einem neunjährigen Kind. In Wirklichkeit hat sich mein Ex-Mann ohnehin sehr selten um sein Kind gekümmert. Als es krank war und ich 14 Tage bei ihm im Spital verbrachte, kam der Vater ein einziges Mal zu Besuch. Lange habe ich alles hinuntergeschluckt, habe mich um Ausgleich bemüht, einfach alles gegeben. Irgendwann war es zu viel.«

Die Situation nach der Scheidung war hart. Kränkung, Zorn und Trauer mussten unterdrückt werden. Die Belastung als Alleinerzieherin bei anspruchsvoller Ganztagsarbeit nahm alle Energien in Anspruch. Stark sein, tapfer sein, durchhalten. »Da ist dann der Einschlag gekommen, denn Alkohol entspannt herrlich. Ich begann am Abend ein paar weiße Spritzer oder ein paar Gläser Rotwein zu trinken. Nicht mehr als ein paar Gläser, aber eben regelmäßig, zum Entspannen.«

Vom Seelentröster zum Despoten

In dieser Zeit begann A. eine Affäre mit einem Mann, den sie schon länger kannte. Er war 17 Jahre älter als sie und verheiratet. Das war ihr durchaus recht, denn sie wollte nicht gleich wieder in eine richtige, klassische Beziehung, auch wegen ihres Kindes. »Er hat mir über meinen ganzen Schmerz hinweggeholfen, er war für mich so etwas wie ein guter Begleiter und deshalb hat es mir gepasst, dass er verheiratet ist. Aber eines Tages stand er mit den Koffern vor der Tür.« Er halte es bei seiner Frau nicht mehr aus und er wolle bei A. einziehen, wenn ihr das recht sei. »Ich war vor den Kopf gestoßen. ›Um Gottes willen, will ich das überhaupt?‹, durchzuckte es mich. Denn ich wusste, dass dieser Mann ganz und gar kein einfacher Mensch ist. Er hatte eine Frau, die ließ sich alles gefallen, die war ihm hörig.« Trotzdem stimmte A. zu. Das sei ein Fehler gewesen. Denn der neue Lebenspartner war äußerst besitzergreifend und dominant, A. aber eine autonome, selbstbewusste Frau, die Unterordnung nicht leiden kann. Spannungen waren unausweichlich und vorprogrammiert. Doch vorerst wurden diese durch ein unerwartetes Drama verdeckt, den plötzlichen Tod seiner Frau. »Er fand sie leblos in der Wohnung. Das war ein Schock mit fürchterlichen Szenen.«

Das ohnehin nicht einfache Zusammenleben wurde spannungsgeladen. A. war mittlerweile gewöhnt, sich regelmäßig mit Alkohol zu entspannen. Das wollte sie sich auch nicht nehmen lassen. H. wollte es ihr verbieten. Um Streitereien vor dem Kind zu vermeiden, begann sie heimlich zu trinken, die Flaschen zu verstecken. Er merkte es natürlich. Es war ja auch nicht zu übersehen, weil sie doch schon einbis zweimal pro Woche zumindest beschwipst war. Zum echten Problem wuchs sich der Alkohol nach der gemeinsamen Übersiedlung 2002 aus. »Da ist es dann schon deutlich mehr geworden. Wenn ich getrunken habe, dann zu viel, dann habe ich es nicht mehr kontrollieren können. Ich wollte es auch nicht kontrollieren. Es hat mir geschmeckt, ich wollte mich entspannen und mir dieses Recht auch nicht nehmen lassen.«

Neben dem Streit um das Trinken kriselte es insgesamt. A. warf H. vor, er sei langweilig, sie würden nichts Interessantes unternehmen, ihre Beziehung sei nur mehr Routine, und seine Eifersucht gegenüber dem jungen Sohn vergiftete das Verhältnis. H. lieferte immer häufiger spektakuläre Auftritte. Eines Tages kam er betrunken nach Hause, die Situation eskalierte, steigerte sich zum Zerwürfnis. Der entstandene Bruch konnte nie mehr ganz gekittet werden. »Er ist dann ausgezogen, nach einiger Zeit zurückgekommen, wieder ausgezogen ... und dann habe ich auch noch entdeckt, dass auch er eine ›Geschichte‹, eine Freundin hatte. Eine einzige Katastrophe.«

A.s Enttäuschung und Kränkung waren tief. Schon wieder Betrug, schon wieder Lügen. Dabei hatte sie letztlich auch in dieser Beziehung »alles gegeben«, alles gemacht. Den Haushalt, das Kind betreut, alle Hochs und Tiefs mit H. miterlebt und dabei immer im Beruf ihre Frau gestanden. H. zog wieder einmal aus, aber diesmal war die Trennung definitiv.

»Dann wurde es richtig krass«

In der Zwischenzeit hatte A. vom großen Konzern zu einer kleinen Pharmafirma gewechselt. Dort war die Arbeit noch anstrengender und wurde ihr letztlich zu viel. Dass mittlerweile der Alkohol vom Helferlein, das »herrlich entspannt«, zum Problem geworden war, verdrängte A. konsequent. »Das habe ich lange Zeit verleugnet. Mir selbst und den anderen sagte ich, ich hätte kein Problem damit. Ich wollte es nicht wahrhaben. Richtig krass ist es während der letzten fünf Jahre meiner Arbeitslosigkeit geworden. Ich hatte zwar immer wieder Jobs, aber nur unter der Geringfügigkeitsgrenze. Da wusste ich genau, wann ich fit sein musste. Die restliche Zeit verbrachte ich zu Hause, ohne Druck und ohne Kontrolle, besonders, nachdem mein Sohn ausgezogen war. Ich konnte also der Versuchung leichter nachgeben.«

Nach so vielen Jahren aufgegeben hat A. die Arbeit von sich aus. Sie hielt den Stress und den Druck des Chefs nicht mehr aus. »Jahrelang habe ich es genossen. Ich war gefordert, man brauchte mich, das war schön. Ich verdiente sehr gut, hatte ein Firmenauto und die Arbeit war interessant. Aber der Druck nahm immer mehr zu. Zehn-Stunden-Tage im Büro wurden immer selbstverständlicher, oft musste ich noch Arbeit mit nach Hause nehmen, weil wir nicht fertig geworden waren. Und als kleines Unternehmen organisierten wir ein halbes Dutzend Veranstaltungen und Kongresse pro Jahr mit bis zu hundert Teilnehmern, Ärzte, Kapazunder. Jeder erhielt seine Unterlagen und alle mussten betreut werden, die Prominenten sogar persönlich. Das waren dann 12- bis 14-Stunden-Tage von Donnerstag bis Sonntag. Privatleben null.« A. sprach mit dem Chef, dessen Assistentin sie war. Sie wollte zurückdrehen, weniger arbeiten. Vergeblich.»So lieb und großzügig der Chef einerseits war, so radikal fordernd war er andererseits. Nur halb bei der Sache zu sein, das ging mit ihm nicht. Das betraf nicht nur die Arbeit. Ich musste da zum gemeinsamen Frühstück, dort zum Geschäftsessen und am Wochenende sollte ich dann noch zu ihm und seiner jungen Frau, die mit ihm und mir den harten Kern in der Firma bildete, zum Essen kommen. Wenn ich nicht wollte, warf er mir vor, unsozial zu sein. Und er liebte den Drill, die Kontrolle.«

Nach der Aufkündigung ihres Arbeitsverhältnisses war A. zwar erleichtert, erholte sich, genoss es, Zeit für sich zu haben. Aber Hand in Hand damit stellte sich auch ein gewisses »Sich-Gehen-Lassen« ein. Sie trank jetzt schon täglich. Über sich selbst erschrocken und weil ihr inzwischen erwachsener Sohn das gar nicht goutierte, verordnete sich A. Kontrolle, Abstinenz – zumindest phasenweise. Zuweilen schaffte sie sogar mehrere Monate ohne Alkohol. Wenn sich jedoch Emotionen, innere Unruhe oder Selbstzweifel über ihre Zukunft aufgestaut hatten, griff sie wieder zur Flasche. Dann aber unkontrolliert. A. war zur Quartal- und Rauschtrinkerin geworden.

Nachdem ihr Sohn ausgezogen war, wurden die Abstinenzphasen immer kürzer, die Phasen, in denen sie bis zu einer Woche oder zehn Tage lang durchtrank, immer häufiger.»Bei diesem Extremtrinken fing ich schon am Morgen an und dann den ganzen Tag über. Außerdem bin ich jemand, der so gut wie nichts essen kann, wenn er viel trinkt. Das ging immer so lange, bis ich fix und fertig war, bis der Körper sagte – aus, ich kann nicht mehr.« Nach solchen Selbstbetäubungsexzessen raffte sich A. immer wieder mit aller Kraft zum strikten Alkoholverzicht auf. Was dann kommen würde, wusste sie: Zittern, Schweißausbrüche, Erschöpfung, Übelkeit, brummender Schädel, Depressionen und Reuegefühle. Doch sie war sich nicht bewusst, wie gefährlich das Nervengift Alkohol ist und welche Konsequenzen ein Sofortentzug ohne ärztliche und medikamentöse Begleitung, ein sogenannter »kalter Entzug«, haben kann. Sie erlitt ihre erste epileptische Krise, einen schweren »Grand-mal-Anfall«. Es passierte während des Nationalfeiertags, beim Essen mit der Mutter. A. brach zitternd zusammen und erwachte erst im Krankenhaus wieder.

Zum einen Gift das zweite

Im Krankenhaus wurde A. mit einem Antiepilektikum und mit Mogadon behandelt. Schlaffördernd, beruhigend, epileptischen Krämpfen vorbeugend – so lauten die Wirkungshinweise für Mogadon. Und dass man das Medikament nur für kurze Zeit einnehmen soll. Denn es gehört zur Gruppe der Benzodiazepine und macht schnell abhängig. Genau das geschah A. »Es wirkt super. Es dämpft dich so schön und trotzdem bist du nicht benommen, sondern voll einsatzfähig. Ich nahm es täglich, in kleinen Mengen, zur Stabilisierung.« Das Mittel dämpfte zwar schön, stabilisierte, konnte jedoch nicht die Lust auf Alkohol verhindern, die war schon zu ausgeprägt, zu verinnerlicht. Zu der einen Sucht hatte sich schlicht und einfach eine zweite hinzugesellt. A. fuhr mit ihren gelegentlichen Extremtrink-Tagen fort. Nur dass sie jetzt, auf Empfehlung ihres Hausarztes, beim Absetzen des Alkohols gleich bis zu sechs Mogadon-Tabletten am Tag einnahm, um einen »Epi«, also einen epileptischen Anfall, zu verhindern.

Als sie das mitbekamen, waren A.s Sohn und dessen Lebensgefährtin zutiefst besorgt und übten Druck aus. »Sie fürchteten, dass ich mit einer brennenden Zigarette einschlafen oder die Treppe hinunterfallen könnte, wenn ich wieder einmal trinke. Sie machten sich Sorgen und verlangten: ›Tu was, das ist nicht mehr lustig.‹ Da begann ich nachzudenken. Ich trinke zwei bis drei Wochen nichts, dann sauf ich wieder eine Woche lang. Ich liege nur auf der Couch, mach nur das Notwendigste, die Wohnung wird vernachlässigt, teils sogar die Körperpflege, und selbst in den Phasen des Nicht-Trinkens habe ich nicht die Energie, etwas in Angriff zu nehmen. Einen Job suchen zum Beispiel. Nein, einfach keine Energie.«

»Ich will mich ja nicht ins Grab saufen«

Wie ein Elektroschock wirkte die Drohung des Sohnes, jeden Kontakt zur Mutter abzubrechen, wenn sie nichts gegen ihre Alkoholabhängigkeit unternehme. »Er hat es mir direkt ins Gesicht gesagt: ›Noch einmal, und ich breche den Kontakt ab. So geht das nicht mehr. Du wirfst dein Leben weg.‹ Da sagte ich mir, dass er ja recht hatte. Ich will mich ja nicht mit 50 ins Grab saufen. Denn es ist ja Selbstmord auf Raten. Mein Kind liebe ich abgöttisch. Wenn mein Sohn mich meiden würde, das wäre ganz schlimm, dann wäre ich wirklich gefährlich, weil dann wäre mir alles egal.«

Es war A. aber nicht egal, sondern sie entschied sich zur Kur in Kalksburg. Dabei haben auch die Erinnerungen an Familiengeschichten eine Rolle gespielt. A.s Vater hatte regelmäßig getrunken. Obwohl es nie bis zum generalisierten Kontrollverlust kam und er immer gearbeitet hat, war der Alkohol zumindest indirekt mitverantwortlich für seinen Tod. Er war zuckerkrank, starker Raucher und starb mit 61. Von den beiden Brüdern des Vaters verstarb einer im Alter von 39 Jahren im Vollrausch, weil er an seinem eigenen Erbrochenen erstickte. Der zweite war Schwerstalkoholiker. Und A.s Mutter hat auch ihr Leben lang gern getrunken. Solange sie arbeitete, blieb es bei ein paar Gläsern Bier oder Wein, »um die Waage zu halten«, am Wochenende war's dann mehr. Ein auffallend ähnliches Muster wie bei A. selbst. »Nach dem Tod vom Papa und seit sie in Pension ist, hat sie dann wahnsinnig viel getrunken. So extrem war ich ja nie. Zuletzt hat sie durchgetrunken, war zu nichts mehr fähig, außer sich Alkohol zu besorgen.« Die Mutter ging ein halbes Jahr vor A. nach Kalksburg und schwärmt der Tochter jetzt vor, wie gut es ihr gehe, dass sie überhaupt kein Verlangen nach Alkohol mehr kenne. A. blieb und bleibt misstrauisch, aber es bestärkte sie in ihrer Absicht, sich helfen zu lassen.

Den Alkoholentzug erledigte sie selbst, mithilfe von Mogadon, schon zwei Wochen vor der Aufnahme in die Klinik. Dort wartete der Tablettenentzug auf sie. »Der Tablettenentzug ist wirklich hart. Während der neun Tage, an denen ich ein Substitutionsmedikament bekam, ein Barbiturat, ging es mir gut. Das Danach war höchst unangenehm. Das haut einen psychisch um. Ich war sehr bedrückt, hatte Angstzustände, Depressionen, Schlafstörungen, das Ganze begleitet von Schweißausbrüchen, von dauerndem Herzrasen, als ob man jeden Moment einen Infarkt bekommen würde. Ich habe geglaubt, ich sterbe, trotz aller Medikamente, zwei Wochen lang, fürchterlich.«

Zusätzlich verschärft wurden die Entzugserscheinungen durch das Auftreten einer massiven Polyneuropathie, einer Erkrankung der peripheren Nerven, deren Hauptursache Diabetes oder Alkoholmissbrauch ist. »Ich spürte die Füße und die Beine nicht mehr, selbst wenn ich draufklopfte, alles kribbelte, als wäre ich voller Ameisen – schrecklich. Ich geriet in Panik, befürchtete, dass man mir die Beine amputieren müsse.« Nach einem Monat Entzug und medikamentöser Behandlung verschwanden die Störungen, hinterließen aber einen nachhaltigen Eindruck auf A.

Und wie geht es jetzt weiter?

Diese Frage stellen sich alle Patienten gegen Ende einer stationären Suchtkur. Wie wird es weitergehen, wenn man nicht mehr im geschlossenen Universum der Klinik mit geregeltem Tagesablauf, therapeutischer Betreuung und sozialem Kontakt lebt? »Was mir hier gefällt: Du hast die Möglichkeit, dich zurückzuziehen, aber du hast auch jederzeit die Möglichkeit, Anschluss zu finden, wenn du reden willst. Das habe ich zu Hause nicht. Zu Hause bin ich wirklich einsam.«

Durch die Arbeit, die Familie und ihre nicht einfachen Beziehungen hatte A. die Pflege von Freundschaften vernachlässigt, »schleifen lassen«. Das viele Trinken tat den Rest. »Irgendwann kommst du so weit, dass deine Gedanken nur mehr auf eines fokussiert sind: Alkohol, Alkohol, Alkohol. Du hast keine Lebensqualität mehr. Sich mit Freunden verabreden? Weiß ich denn, ob ich dann so gut in Form sein werde, dass ich etwas unternehmen kann? Nein. Dazu kommt die Unverlässlichkeit, eine Sache, die ich gar nicht leiden kann, z.B. in letzter Minute etwas absagen, weil es einem schlecht geht. Es ist wirklich ein Teufelskreis.« Noch sind diese Eindrücke und Erinnerungen sehr präsent und eine starke Motivation, nicht mehr in diesen Teufelskreis zu geraten. Und wie trocken bleiben? »Eh so, wie wir es in der Therapiegruppe andauernd besprechen: sich ablenken, immer versuchen, etwas zu tun, beschäftigt sein. Ja nicht in diesen gefährlichen Leerlauf verfallen. Und wenn du allein zu Hause bist, das Craving sehr stark wird, dann nichts wie raus, raus und was tun, etwas kaufen gehen, Leute sehen.«

Bei aller Entschlossenheit will sich A. nichts vormachen. Die Tabletten gehen ihr überhaupt nicht ab. Die waren nur nötig, wenn es ihr wegen und trotz Trinkens schlecht ging. Aber das Craving, die Sehnsucht nach dem Alkohol, ist noch nicht gebannt. »Was ich mir noch immer nicht vorstellen kann: nie wieder. Unvorstellbar. Ich würde es nicht jetzt wollen, auch nicht in Kürze oder absehbarer Zeit, aber ganz ehrlich gesagt, habe ich Bauchweh. Vielleicht wird es wirklich besser, wenn man lange abstinent ist – aber immer diese Stärke haben? Wie soll ich verhindern, dass ich mir irgendwann sage: Ich pfeif drauf, jetzt hole ich mir eine Flasche? Ich weiß es nicht. Im Innersten habe ich Angst vor einem Rückfall.«

Von Reizen überflutet

Was macht denn der da? Das fragte ich mich, als mir G. K. zum ersten Mal bewusst aufgefallen ist. Es war Frühstückszeit in Kalksburg, also vor acht. Im Park der Klinik war es herbstlich kühl, grau und es nieselte leicht. Da zog sich G. Turnschuhe und Socken aus, schritt barfuß durch das Gras, mit tief ins Gesicht gezogener Kapuze und ohne auf zugerufene Grüße zu reagieren. Dass er morgens vor dem Kaffee seine Kapuze wie den Helm einer mittelalterlichen Rüstung benutzte, um unerwünschtem Gruß-Geplauder von Mitpatienten auszuweichen, war mir schon aufgefallen. Aber was war denn jetzt der Barfuß-Gang im Gras? Vielleicht eine therapeutische Übung? Nein. Er brauche in der Früh seine Zeit, seine Ruhe, erklärte mir G. später.

Überhaupt sei er schon seit früher Jugend, ja eigentlich seit der Kindheit, überempfindlich. »Die optischen Eindrücke, die akustischen Eindrücke, all diese äußeren Reize sind manchmal derart stark ... und das Rad im Kopf, das ich nicht anhalten kann, diese Gedankenspirale, die Bilderbibliothek wie ein Kaleidoskop, das ich nicht stoppen kann – das war immer schon ein Problem für mich. Irgendwann habe ich dann begonnen, dieses Aufgewühltsein mit Alkohol zu bekämpfen. Mit Alkohol konnte ich das zumindest so weit vernebeln und besänftigen, dass ich einschlafen konnte.« Selbst jetzt, nach dreimaligem Alkoholentzug und therapeutischer Betreuung, quäle ihn seine Überempfindlichkeit für äußere und innere Reize und Impulse so sehr, dass er in gewissen Situationen richtiggehend soziophob werde, sagt G. »Da werde ich zum richtigen Soziopathen, da will ich niemanden sehen und nichts hören. Dann gehe ich schon manchmal in den Keller und lege mich mit einem Buch und einer Taschenlampe auf eine Liege, weil ich das Sonnenlicht nicht ertragen kann. Das ist sehr erholsam. Das leichte Geräusch der Wasserrohre, feuchte, kühle Dunkelheit und sonst nichts. Die Seele entspannt sich dann allmählich.«

Oft schon hat sich G. gefragt, ob da nicht was »Vererbtes« dabei sei. Eigenartiges Verhalten habe er nämlich schon bei seinem Vater sowie bei seiner kleinen Tochter bemerkt. Vor allem bei ihr könnte es sein, dass sie eine ebenso ausgeprägte Sinneswahrnehmung und deshalb ein eigenartiges Verhältnis zur Wirklichkeit, eine Art Versunkenheit entwickelt habe. »Wenn sie etwas macht, dann weiß sie fünf Minuten später nicht mehr, dass wir vereinbart haben, vor 18 Uhr in die Bücherei zu gehen. Sie hat offensichtlich Schwierigkeiten mit der Raum- und Zeitwahrnehmung. Genau dasselbe passiert mir. Ich schaffe es selten, pünktlich zu sein oder mir Kalendertermine zu merken. Auch bei meinem Vater ist das stark ausgeprägt. Es ist fürchterlich mit Leuten wie uns. Das ist ein Zug in unserer Familie und ich denke, dass es zumindest teilweise vererbt sein könnte, so wie die ruhige Zurückhaltung, das viele Sinnieren und gewisse depressive Stimmungen. Und schließlich der Verzweiflungstod meiner Schwester. Sie hatte jahrelang an Bulimie gelitten. Die Therapien haben nicht wirklich geholfen. Eines Tages ist sie gesprungen.«

Acht Kinder im kleinen Dorf

Aufgewachsen ist der heute 41-jährige G. im Salzburgischen, in einem 2500-Seelen-Dorf in den Bergen, in einer noch bäuerlichen, aber auch schon zur Touristenregion tendierenden Gesellschaft. Der Vater ist akademischer Bildhauer, G. war das siebte von acht Kindern. Ein schüchternes, scheues, verschrecktes Kind. »Ich litt unter starker Angst zu versagen, nicht so gut zu sein wie die anderen, nicht zu entsprechen. In den Teenagerjahren musste ich dann lernen, mit viel rotem Kopf und Bauchgrimmen, über meinen Schatten zu springen. In der Schule ging das ganz gut, weil ich meine Unsicherheit durch gute Leistungen kompensieren konnte, aber im sozialen Umgang war es schwer. Ich fühlte mich immer anders als die andern.« Vereine konnte G. schon als Junge nicht ausstehen. Also gab es neben der Schule eigentlich nur ein paar Wirtshäuser, im Sommer das Schwimmbad und irgendwann den ersten Billard-Club. Hier konnten die Jugendlichen ungestört unter sich sein, bei Billard, Darts und Würfelspielen – und einer eigenen Billard-Bar. »Na ja, verschämter Bub sucht Anschluss, da musste ich natürlich auch beim Trinken mitmachen. Die ersten Male wurde ich richtig ›eingewässert‹, wie man sagt. Geschmeckt hat es mir gar nicht, aber ich wollte dabei sein, zur Clique gehören. Das war die Zeit, in der die ersten Annäherungsversuche mit den Mädels anfingen. Für mich ein großer Schritt. Da muss man sich eben mit ein paar Drinks Mut machen oder auch einmal zeigen, dass man beim Turmtrinken aus aufgestapelten Gläsern mithalten kann.«

Ähnliches gehörte auch beim Bundesheer zum klassischen Sozialisationsritual. Aber während seiner HTL-Ausbildung für Möbeldesign und Innenausbau sowie während seiner ersten Berufsjahre als Tischler spielte der Alkohol keine bedeutende Rolle, es blieb beim Gesellschaftstrinken. Eine Ausnahme war die schwere Krisenzeit nach dem Selbstmord der vier Jahre älteren Schwester. G. war 17. »Die gesamte Großfamilie stand unter Schock, die Trauergefühle waren herzzerreißend, aber echte Trauerarbeit hatte niemand von uns gelernt. Ich habe sehr gelitten, das Ganze zu verdrängen versucht, doch der Schmerz ist immer wieder aufgebrochen, über viele Jahre. In solchen Momenten war der Alkohol oft der Seelentröster.« Da konnte es dann schon vorkommen, dass sich G. so betrank, dass er nicht mehr wusste, wo er sich befand, oder am nächsten Tag Schwierigkeiten hatte, sich an etwas zu erinnern. Das passierte jedoch selten, in großen Abständen. Jedenfalls kein Zeichen für Abhängigkeit oder Alkoholismus, sondern eines von hilfloser Verdrängung.

Von der Enge in die Freiheit und zum Gewohnheitstrinken

Als G. 21 war, beschlossen er und seine erste feste Freundin einen wichtigen Schritt: gemeinsam leben. »Ich wollte aus dem mir zu engen Gebirgsfleckerl fort und es ergab sich die Gelegenheit, nach Niederösterreich zu übersiedeln. Getrunken habe ich damals wie die meisten. Ab und zu zum Heurigen gehen, mit den Nachbarn zusammensitzen oder das Bier nach der Arbeit. Viel mehr war da nicht.« Das ging eine lange Zeit recht gut, auch als G. seine jetzige Ehefrau kennenlernte und heiratete. Rückblickend und mit seinem heutigen, selbstkritischen Wissen verortet G. den Beginn einer gefährlichen Trinkgewohnheit vor rund zehn Jahren. »Da war ich dreißig und arbeitete bei einer Firma, in der vieles ziemlich chaotisch lief. Das Verhältnis zum Chef war mehr als schwierig. Den Lohn zahlte er oft mit großer Verspätung, je nach finanzieller Lage. Aber richtig verschärft wurden meine Probleme mit der Geburt des ersten Kindes, meines Sohnes. Unter unseren Freunden und Bekannten waren wir die ersten, die Kinder bekamen. Dadurch rissen die Kontakte ab, der Lebensrhythmus, die Zeiten, das passte alles nicht mehr zusammen. Dadurch fühlte sich meine Frau total vereinsamt und sozial isoliert. Ich versuchte das zwar abzufedern, aber gerade zu dieser Zeit arbeitete ich sehr viel und intensiv. Da begann ich dann nach der Arbeit schon regulär meine drei Bier zu trinken. Manchmal saßen wir im Betrieb am Abend noch auf der Hobelbank und entspannten uns – logischerweise auch mit Bier. Zu dem Zeitpunkt wäre die Kurve weg vom gefährlichen Gewohnheitstrinken noch zu kratzen gewesen. Das kann ich aber erst mit dem heutigen Wissen so sagen, leider.«

Nach dreijähriger Suche fanden und erwarben G. und seine Frau eine Eigentumswohnung. Das hieß noch mehr Arbeit. »Die Wohnung wollten wir nach unseren Bedürfnissen umgestalten und instandsetzen. Was bedeutet das für einen Handwerker ohne finanzielles Polster? Klar, viel oder fast alles selber machen. Auch für meine Frau war es eine große Belastung, die Karenzzeit für das zweite Kind, das Töchterchen, ging praktisch dafür drauf. Für mich gab es nur mehr malochen, malochen. Zuerst verlor ich die Kontrolle über meine Zeiteinteilung, über den Tagesablauf, die Mahlzeiten usw. Hand in Hand damit ging dann auch der Kontrollverlust beim Alkohol.«

Aus den drei Bier am Abend wurden fünf, dann gab es schon eines in der Mittagspause, wenn die Pizza in die Werkstätte geliefert wurde, und irgendwann begann G. schon in der Früh, vormittags bei der Arbeit und eigentlich den ganzen Tag über zu trinken. Seine Frau sprach das Problem wiederholt an, bat und drängte ihn, sich am Riemen zu reißen. Zweimal verlor G. den Führerschein, das viele Trinken beschäftigte ihn sehr. »Ich habe im Internet recherchiert, mir sämtliche Sachen von Wikipedia inklusive Beschreibung der Symptome sogar ausgedruckt. Ab diesem Punkt wusste ich, ich bin Alkoholiker. Aber ich scheute lange den Schritt, es zu sagen, zuzugeben und etwas dagegen zu unternehmen.« Das war fünf Jahre vor seinem jetzigen zweiten Aufenthalt in Kalksburg. Hilfe suchte er nicht freiwillig.

Der Zusammenbruch und erstmals Hilfe

Fest entschlossen »sich einzubremsen«, zumindest eine Pause zu machen, tat G. genau das Falsche. An einem Wochenende beschloss er, einfach nichts zu trinken. Am Sonntagabend machte er Ernst. Als er am Montag bei der Arbeit erschien, folgte der Crash. »Ich hatte wahnsinnige Entzugserscheinungen, mit Zittern, Krämpfen und Dauererbrechen, unbeschreiblich.« Eine mit einem Arbeitskollegen G.s befreundete Neurologin eilte zur Werkstätte, leistete Erste Hilfe mit Medikamenten zur Stabilisierung und begleitete G. nach Hause. Es folgte ein mehrwöchiger Versuch des ambulanten Entzugs mit medikamentöser Betreuung, mit dem Hausarzt abgestimmt. Zu hause half die Schwiegermutter, eine ehemalige Krankenschwester, weil G.s Frau arbeitete. »Ich war im Krankenstand. Nach einiger Zeit ging es mir dank der Medikamente schon sehr gut und ich wurde leichtsinnig. Obwohl in kleinen Mengen, fing ich wieder an zu trinken. Ich ließ die Medikamente weg, weil ich die Kombiwirkung fürchtete. Dann stoppte ich es wieder. Dann gab es wieder einen Umfaller. Und wenn ich die Medikamente, Praxiten und Seroquel, in voller Dosierung einnahm wie verschrieben, dann war ich ein Zombie und kam gar nicht mehr aus dem Bett.«

Seine Frau brachte G. in die Ambulanz des Anton-Proksch-Instituts. Dort befand der Arzt, dass es sich um einen ernsten Dringendfall handle und organisierte umgehend ein Bett in der Klinik. Am nächsten Tag war G. in Kalksburg. »Die ersten drei Tage habe ich fast nur geschlafen. Als die Wirkung der Entzugsmedikamente schwächer wurde, fiel ich erst so richtig ins Loch. Ich war nicht ansprechbar und arg depressiv. Gerade ich als ehemals so verschämtes Kind war jetzt wieder hilflos, auf die anderen angewiesen. Ich mied jeden Kontakt, hatte Angst aufzufallen, dachte mir dauernd, ›aha, die da drüben reden jetzt sicher über mich‹, das war schon fast paranoid. Der Anblick gewisser Patienten tat ein Übriges. Da war einer mit rasierter Glatze und Tattoos am ganzen Körper – ich bin ein Landei, für mich war das der Inbegriff eines gefährlichen Skinheads. Andere waren ziemlich daneben, gewisse Tablettensüchtige zum Beispiel. Ich empfand das Ganze als Gruselkabinett.«

Der anfängliche Schock über die Klinik mit ihren fast 300 Insassen verging bald. G. fand Anschluss und fühlte sich in einer gewissen Gruppe sogar so wohl, dass er sie heute als eine »informelle Suchtgruppe« bezeichnet. Nach knapp zehn Tagen begann er an den Therapien in den offiziellen Gruppen teilzunehmen, wenig später an den körperlichen und sportlichen Aktivitäten, von Gymnastik und Körperwahrnehmung bis zu Wandern, Nordic Walking, Tischtennis und Fitness. Nicht so nachhaltig beurteilt er heute den Erfolg der Therapien. »Die haben versucht, etwas mit mir zu machen, aber ich muss leider gestehen, dass ich nicht versucht habe, selbst mit mir was zu machen. Viel gedacht habe ich mir nicht in dieser Zeit. Als Mensch, dem Bewegung und Sport so wichtig sind, genoss ich es einfach, mit anderen aktiv zu sein. Irgendwann empfand ich es wie einen Kuraufenthalt.«

Die mangelnde Bereitschaft oder Fähigkeit, sich ehrlich mit sich selbst zu beschäftigen, sieht G. heute als den entscheidenden Grund dafür, dass er schon während seines zehnwöchigen Klinikaufenthalts regelmäßig trank, wenn auch zwangsläufig in geringen Mengen. »Schon beim ersten Ausgang, oder ›Freigang‹, wie er von vielen genannt wird, ist es passiert. Auf dem Weg zur 6oer-Straßenbahn kam ich beim ersten Heurigen vorbei. Ging vorbei und sagte mir, ›du trinkst nichts, du trinkst nichts, du trinkst nichts!‹. Beim zweiten Heurigen bin ich eingekehrt und hab mir sofort einen weißen Spritzer hinuntergegossen. Was ist passiert? Nichts. Und wie hab ich reagiert? Nach dem Motto: ›Na, wenn es keine Konsequenzen hat, dann ...‹ – wie ein kleines Kind. Also wurde das zur Regel. An den Ausgangstagen legte ich auf dem Nachhauseweg immer einen Zwischenstopp ein. Dabei berechnete ich immer ganz genau, wie viel ich trinken darf, damit ich bei der Rückkehr in die Klinik die Atem-Alkohol-Kontrolle problemlos überstehe. Was mein Bewusstsein betrifft, habe ich bei meinem ersten Aufenthalt hier kaum etwas verändert. Ich hätte genauso gut im Otto-Wagner-Spital einen Vier-Wochen-Entzug machen können, um dann hinauszugehen und wieder zu trinken.«

Diesmal ist es ernst

Auch die übliche Nachbetreuung in der wöchentlichen Therapiegruppe nahm G. nicht ernst genug. Obwohl er versuchte, durch Selbstdisziplin und »Zurückhaltung« den Alkoholkonsum zumindest gering zu halten, endete er bei den alten Verhaltensmustern, trank schon bald wieder während der Arbeitszeiten und verlor die Kontrolle. Und mit ihr auch jede Illusion, dass er ein kontrolliertes Trinken schaffen könnte. Die zuständige Therapeutin der Nachbetreuungsgruppe empfahl einen neuerlichen stationären Aufenthalt zur Stabilisierung. Doch G. sträubte sich gegen das Eingeständnis, alkoholkrank zu sein. »Es wieder meiner Frau beibringen zu müssen, den Kindern, bei der Arbeit – dieser ganze soziale Rattenschwanz, den ich meiner Frau ja nie umhängen wollte, weil ihr leiblicher Vater auch Alkoholiker gewesen war und sich zu Tode getrunken hat. Immer wieder warnte sie mich: ›Tu das nicht, hör auf! Ich will nicht, dass du endest wie mein Vater. Ich halte das nicht aus.‹ Aber ich musste mir eingestehen, dass ich doch alle Kriterien der wahrhaften Alkoholabhängigkeit erfülle. Das ohnehin nicht sehr ausgeprägte Selbstwertgefühl rasselte tief in den Keller.«

Innerhalb weniger Monate verschlechterte sich G.s Zustand derart, dass er wieder nach Kalksburg ging, doch diesmal ernsthaft, reflektiert und motiviert. »Ich habe eine Frau, die ich gern habe. Sie hat mich auch gern, aber nicht, wenn ich saufe. Ich hab Kinder. Ich will nicht, dass sie sich für mich schämen müssen, denn ich bin auch stolz auf sie. Ich arbeite gern. Ich will herzeigbar sein, und zwar so herzeigbar, dass ich mich nicht schämen muss, wenn ich mich irgendwo vorstellen muss, und dass ich in einem neuen Arbeitsverhältnis nicht alles akzeptieren und hinnehmen muss. Die andere Komponente ist die Gesundheit. Noch sind die gesundheitlichen Auswirkungen meiner Trunksucht nahezu reversibel, aber auch das bleibt nicht immer so.«

Die subjektive Motivation zur Abkehr vom Alkohol konnte G. im Zuge seines zweiten Therapieaufenthaltes schärfen. Weil er sich dieses Mal ernsthaft mit sich auseinandersetzte, wurden ihm aber auch psychische Schwierigkeiten und Probleme bewusst, unter denen er seit jeher leidet, die er jedoch einfach zu verdrängen versuchte. Neben der schon beschriebenen Überempfindlichkeit und der Neigung zu depressiven Stimmungen sind es soziale Defizite. »Einerseits bin ich ein totaler Feigling, weiche jeder Konfrontation aus und will mich nicht blamieren. Andererseits bin ich sehr ungeduldig, will, dass alles auf Anhieb gelingt, also ein Perfektionist auch noch. Bis jetzt habe ich mir nie eingestanden, dass ich partout immer sein wollte wie die anderen, obwohl ich das nicht sein kann, weil eben jeder anders ist. Das ist ein latenter Minderwertigkeitskomplex bei mir. Und dann meine ungeheure Überempfindsamkeit, die als ständige Überflutung empfundenen Reize und die Gedanken im Kopf ... Um das zu verstehen und um zu lernen, damit umzugehen, brauche ich Hilfe, das schaffe ich nicht allein. Aber ich weiß jetzt, dass ich therapeutische Hilfe brauche und will sie auch in Anspruch nehmen.«

In Kalksburg kann eine langfristige Psychotherapie nicht geboten werden, aber man versucht, die Patienten auf den Weg dorthin zu bringen. G. hat seine Arbeit aufgegeben und sucht etwas Neues. Etwas, das viel mit Natur, mit Bewegung und mit Holz zu tun hat, vielleicht eine Forstarbeit. Jedenfalls etwas mit wenig Stress und möglichst wenig sozialen Spannungen.

Nie wieder Alkohol?

C. K., 53 Jahre, leitender Angestellter im Gesundheitsbereich, glücklich verheiratet und gutes Verhältnis zum 25-jährigen Sohn. Hager, sportlich, geordneter Haarschnitt, schwarze Hornbrille und so gut wie bei jeder Gelegenheit in ein Buch vertieft. Obwohl er so gerne liest, sonderte sich C. in der Klinik, in den Aufenthaltsräumen oder im Park nicht ab. Für einen Plausch mit den anderen Patienten immer offen, war er freundlich und doch zurückhaltend. Sehr aktiv nahm er an allen Therapien teil – Gymnastik, Körperwahrnehmung, Wanderungen oder Nordic Walking, therapeutische Gruppe, Philosophikum und vieles mehr. In acht Wochen habe ich C. nie bedrückt, angespannt, genervt, schlecht gelaunt oder gar depressiv gesehen. Eher heiter, lächelnd. Wenn bei gemeinsamen Therapien Lustiges passierte – ja, auch das kommt vor –, war sein Lachen herzlich, aber unaufdringlich. Ein durch und durch ausgeglichener Typ, dachte ich mir. Und trotzdem war er schon zum zweiten Mal in Kalksburg. Alkohol. Im Unterschied zum allergrößten Teil unserer Mitpatienten hatte C. aber auch im Einzelgespräch keine dramatische Schicksals- oder Leidensgeschichte zu erzählen. Kindheit? Eigentlich normal. Ehe und Familie? Gut, wie schon gesagt. Arbeit? Sehr gut. C. arbeitet gern, es macht ihm Spaß und Freude. Verhältnis zu den Vorgesetzten und den Mitarbeitern? Sehr gut. Seit 27 Jahren im Gesundheitswesen und noch immer spannend. Ja warum dann? Wieso hat er ihn auch erwischt, der Alkohol?

Einfach langsam hineingeschlittert

Als er 17 war, erlaubten die Eltern C., zum Mittagessen ein Bier zu trinken. Von da an trank er zum Essen sein Bier, manchmal auch in der Freizeit, wie das eben alle tun. Besäufnisse, Räusche oder gar Exzesse? Nein, nicht nennenswert. Mehr wurde es erst, als C. um die 40 war. »Typische Situation war das Fußballmatch im TV. Früher hieß das ›Erste Halbzeit ein Bier, zweite Halbzeit ein Bier‹ und dann vielleicht noch eines. Ab 45 wurden die Mengen schon bedeutender und in den letzten sechs Jahren stieg dann die Quantität weiter, und die Qualität wurde eine andere. Neben Bier genehmigte ich mir am Abend immer einen guten Whisky oder einen Cognac. Dann sagte ich mir, ›ach, ein zweiter geht noch‹. Zum Genuss, nur zum Genuss. Dann ging doch noch ein dritter, weil das Gefühl so angenehm war. Na ja, so kam ich auf einen Tagesschnitt von fünf bis sechs Bier und drei bis vier Gläser Hochprozentiges. In der letzten Phase vor der ersten Therapie habe ich dann nur mehr Hochprozentiges konsumiert und bin auf eine halbe Flasche pro Tag gekommen.«

Obwohl C. sich selbstkritisch beobachtete und sich mit 45 Jahren schon innerlich sagte, er trinke zu viel, das sei gar nicht gut, ging es noch eine ganze Weile weiter. Er konnte offenbar damit umgehen. »Im Arbeitsleben hat sich mein Trinken lange Zeit überhaupt nicht ausgewirkt. Es war auch nicht so, dass ich ekelhaft zu meiner Frau geworden wäre oder dass ich mit meinem Sohn Schwierigkeiten oder Streitereien gehabt hätte. Nein, ich habe einfach zu mir selbst gesagt: ›C., du musst doch auch ohne dem auskommen!‹ Das habe ich aber wieder leicht weggewischt. Geht eh gut, ist ja schön so, dachte ich mir.«

C. litt auch kaum unter Folgewirkungen. Schwere Katererscheinungen kannte er unter der Woche nicht, denn in jener Zeit betrank er sich nur an den Wochenenden so richtig. Bei der Arbeit fit zu sein, hatte allemal Priorität. Die Wende kam in einem Urlaub, nachdem er mehrere Tage durchgetrunken hatte. »Da habe ich beschlossen, ich unternehme was, so kann das nicht weitergehen. Und weil ich mich ein bisschen auskenne, bin ich gleich zum Meister direkt gegangen, zu Prof. Musalek. Ich habe ihn noch vom Urlaubsort aus kontaktiert. Dann ging ich zwei Jahre lang zur ambulanten Therapie zu ihm.«

Die ambulante Therapie, der Rückfall und Kalksburg

C. stoppte das Trinken. Gröbere Entzugssymptome stellten sich nicht ein. Neben den therapeutischen Gesprächen alle vier bis sechs Wochen erhielt C. als Medikation Antidepressiva. Die Therapie war auf Anhieb erfolgreich, zwei Jahre lang trank C. keinen Tropfen. Es ging ihm gut, zu gut, meint er. »Ich bin felsenfest überzeugt, dass es mir zu gut gegangen ist, dass das der Grund für den Rückfall war. Beruflich lief alles bestens, zu Hause mit der Familie ebenfalls, alles war im Lot. Und eines Tages dachte ich mir, ›na, ein Whisky geht schon, das kann ich mir schon leisten‹. Das war der Anfang vom Ende. Ich hatte die Illusion, ich könnte kontrolliert trinken, weil ich die zwei Jahre Abstinenz so gut geschafft hatte. Dabei war ich reichlich gewarnt nach der

Therapie. Nach einem halben Jahr war ich wieder dort angelangt, wo ich vor der Therapie gewesen war.« Prof. Musalek riet diesmal zur stationären Behandlung im Kalksburger Anton-Proksch-Institut.

Diesmal ermunterte auch die Familie C. zu diesem Schritt. Seine Frau war traurig darüber, dass er wieder apathisch geworden war. »»Mit dir ist nichts mehr anzufangen, dich interessiert nichts mehr, wir machen nichts mehr gemeinsam‹, beklagte sie sich. In der Tat war mit mir zu Hause nicht mehr viel anzufangen. Wenn ich von der Arbeit kam, setzte ich mich vor den Fernseher, mit Bier, Whisky, Cognac, und irgendwann nickte ich ein, schlief am Sofa ein, besser gesagt.« Dafür kam dann, wie so oft bei Trinkern, die regelmäßige Schlaflosigkeit nach Mitternacht. Da half dann nochmal ein Bier, um wieder einschlafen zu können. Nun wurde C.s Alkoholsucht auch am Arbeitsplatz zum Thema. »Die Kollegen haben mitbekommen, dass meine Entscheidungen als Chef nicht mehr so tough, nicht mehr so klar und streng waren wie früher. Und es ist passiert, dass ich Entscheidungen, die ich selbst getroffen hatte, vergessen habe. Bei der Arbeit habe ich zwei sehr gute Freunde, die haben mich darauf angesprochen. Zuerst habe ich gelogen. Nein, das sei nicht, weil ich trinke, das seien die Medikamente, die ich nehme, usw. Als ich mich letztlich zum Aufenthalt in der Klinik entschlossen hatte, habe ich diesen Freunden die Wahrheit gesagt: Ja, ich bin alkoholkrank und ich werde jetzt wieder etwas unternehmen.«

Wenn der Esel aufs Eis tanzen geht

Auf einen freien Platz in Kalksburg musste C. nicht lange warten. Im Frühjahr 2015 »rückte er ein«. Die erste Begegnung mit den fast 300 anderen Patienten erlebte er als Schock. »Beim ersten Mal war es schrecklich für mich. Als ich sah, wie sich die anderen im Park oder in den Gängen unter Medikamenteneinfluss dahinschleppten, dachte ich mir: ›Schau, so kann ich enden, wenn ich weitermache wie bisher.‹ Das war abschreckend und gewöhnungsbedürftig.« Ganze neun Wochen blieb C. in stationärer Behandlung. Die Therapien nahm er sehr ernst und befolgte alle Anweisungen gewissenhaft. »Mit dem Kopf war ich voll dabei. Ich habe alles verstanden, die Vorträge, die Gespräche in den Gruppen, und ich habe alle empfohlenen Behandlungseinheiten sehr motiviert mitgemacht, auf den Punkt genau. Aber das Herz war nicht dabei. Jetzt weiß ich, dass mir die richtige Einstellung gefehlt hat.«

Trotz dieser Intensivbehandlung wurde C. schon sehr bald nach seinem Aufenthalt in der Klinik wieder rückfällig, obwohl er glaubte, Körper und Geist seien gestählt. »Der Körper war ja wirklich gestählt, nur der Geist nicht. Es kamen der berühmte dritte Tag, die berühmte dritte Woche und der berühmte dritte Monat. Man sagt ja, dass das laut Statistik die gefährlichsten Momente sind, dass da auffällig viele Umfaller passieren. Und so war es auch bei mir. Drei Monate habe ich es geschafft, dann ging es mir offenbar schon wieder zu gut und, wie es so schön heißt, dann geht der Esel aufs Eis tanzen. Ich habe mit einem Single Malt zu tanzen begonnen. Dann wurden es zwei und drei. ›Jetzt ist die Woche eh schon gelaufen, ab Montag dann‹, nahm ich mir vor. Da wollte ich wieder strikt aufhören. Vergebens.«

Doch diesmal schrillten sämtliche Alarmglocken, denn der »Umfaller« drohte zum ernsten Rückfall zu werden. C. besprach die Situation mit seiner Frau und seinem Bruder, der Arzt ist. Auch Prof. Musalek riet dringend zur Rückkehr nach Kalksburg. Und selbst der Sohn warnte eindringlich. »Als ich Depp angetrunken ins Auto steigen wollte, sagte mein Sohn: ›Papa, du bist eine geladene Waffe, du bist ein entsicherter Revolver, wenn du jetzt fährst. Denk dran, was du anrichten und auch anderen antun kannst.‹ Dabei wusste ich längst, wenn ich nicht sofort die Handbremse ziehe, dann fahre ich mit 100 gegen die Wand.«

Der Rückfall dauerte diesmal nur knappe zehn Tage. Schon in der Woche Wartezeit, bis in Kalksburg ein Platz frei wurde, trank C. nichts mehr. »In dieser Woche mit Null Alkohol habe ich endgültig begriffen und verinnerlicht, dass ein bissl schwanger sein, ein bissl trinken nicht geht. Warum genau, kann ich nicht sagen, aber Tatsache ist, dass sich meine Einstellung ganz grundlegend geändert hat. Es wurde mir sonnenklar, dass mich dieses Problem ein Leben lang begleiten wird und dass ich mich auf die nötigen Bedingungen einlassen muss. Deshalb habe ich auch jetzt, beim zweiten stationären Aufenthalt, die Therapien ganz anders erlebt als vor sieben Monaten. Ich verstehe es anders, nehme die Informationen anders auf – nicht nur rein mit Hirn, Logik und Ratio, sondern mit Gefühl und Herz. Die innere Einstellung hat sich komplett gewandelt.«

Lernen, Zweiter zu sein

C. K. ist ein gebildeter Mensch, ehrlich und reflektiert. Aber trotz langer Therapie bei Prof. Musalek, ambulant und stationär, hat er keine Antwort auf die Frage, warum er alkoholkrank geworden ist. »Ich weiß es nicht, ich kann es beim besten Willen nicht erklären, obwohl ich mir so viel den Kopf darüber zerbrochen habe. Ich wäre glücklich, wenn ich es wüsste ... Wahrscheinlich war ich irgendwann körperlich abhängig, aber ich hatte ja beim Aufhören keine extremen Entzugserscheinungen. Ich bin auch nicht unzufrieden. Meine Familie steht zu 150 Prozent hinter mir, die Arbeit und alles passt. Ich könnte auch nicht sagen, was ich in meinem Leben anders hätte machen sollen. Es ist so wie bei Leuten, die gerne Schokolade essen, die sagen, ›nach zwei Tafeln hör ich auf‹, und dann doch noch eine dritte essen.«

Nicht ganz überzeugend. Erklärt uns Prof. Musalek im Schlusskapitel dieses Buches doch, dass es eine »Schokoladesucht« nicht gebe. Und wie kann eine Therapie erfolgreich sein, wenn man die tieferen Ursachen, Gründe und Auslöser für die Sucht nicht erkennt, auch wenn sie nicht vordergründig sichtbar, erkennbar sind? Durch seine Aufenthalte in Kalksburg habe er trotzdem viel verstanden und gelernt, meint C. »Die Ruhe. Ich habe gelernt, wie ich ruhiger bleiben kann. Und vielleicht der Knackpunkt überhaupt: Du musst akzeptieren, dass du auch Zweiter sein kannst. Ich bin einer, der immer Erster sein will, verlieren mag ich nicht, Silbermedaille, das ist nichts. Das wird mir jetzt auch mit dem Alkohol helfen. Wenn ich weitertrinke, habe ich verloren. Trotzdem muss ich lernen, in anderen Sachen nicht unbedingt Erster sein zu müssen. Was ich auch mitnehme: Es gibt Dinge, die man nicht ändern kann, also muss man das Positive sehen. Ganz banales Beispiel, das Wetter. Heute haben wir wolkenlosen Himmel, aber stürmischen Wind. Anstatt zu schimpfen über den furchtbaren Wind, sehe ich es positiv – die Sonne scheint.« Auch im Berufsleben möchte sich C. ändern. Vielleicht führte ihn sein übermäßiger Ehrgeiz dazu, Alkohol sowohl zur Belohnung als auch als Ausgleich einzusetzen. »Ich möchte ein noch besserer Chef sein. Ich habe von mir selbst viel zu viel verlangt und von meinen Kollegen ebenso. Wenn ich 150 Prozent gegeben habe, habe ich von den anderen zumindest 110 erwartet.«

Um weiterhin abstinent zu bleiben, setzt C. sehr viel auf die Nachbetreuung des Anton-Proksch-Instituts. Die wöchentlichen Sitzungen der Therapiegruppen seien ein gutes Gegengewicht zur allgegenwärtigen Herausforderung des Alkohols und festigten die erlangten Erkenntnisse. »Ok, es ist eine Krankheit, aber gegen eine Krankheit kann man etwas unternehmen. Nicht so, wie ich es mir bei meinem ersten Kalksburg-Aufenthalt vorstellte. Ich dachte, da erhalte ich eine Gehirnwäsche, so wie man einen Blinddarm entfernt, also den ›Trinkdarm‹ quasi entfernen, die Entzündung ist weg und du gehst geheilt nach Hause. Leider nein. Ich habe die schmerzhafte Erfahrung selbst machen müssen: Kontrolliertes Trinken geht nicht mehr.«

Zum Abschluss des Gesprächs dann eine Überraschung. »Mein Ziel lautet jetzt einmal, bis zu meinem 55. Geburtstag, also zwei Jahre, abstinent zu bleiben. Natürlich ist das Ziel, so lange wie möglich ohne Alkohol auszukommen, aber ich sage nicht ›nie wieder‹. Das hilft mir. ›Nie wieder Alkohol‹ klingt für mich wie ›immer und ewig‹. Das ist nicht greifbar, ja nicht einmal vorstellbar. Ich brauche ein Etappenziel, das greifbar, das machbar ist.«

Ich führte zwei Leben

Ihr Kind ist ihr Ein und Alles. Sie liebt es abgöttisch. Eine symbiotische Bindung, die mit der Geburt des mittlerweile fünfjährigen Buben zu tun hat. Eine schwierige Geburt, 14 Tage nach dem vorgesehenen Termin. Eine Zangengeburt, weil M. eine natürliche Niederkunft, keinen Kaiserschnitt wollte und auch die Ärzte meinten, ein solcher sei nicht nötig. Doch während der Geburt kam es zur Erstickungsgefahr. Anschließend litt der Kleine unter Atemnöten und musste zwei Wochen auf der Intensivstation mit Antibiotika behandelt werden. Für die heute 30-jährige M.P. eine schmerzvolle Erfahrung und zugleich eine Wende in ihrem Leben.

In einfachen Verhältnissen auf dem Land aufgewachsen, hat M. seit jeher ein ausgesprochen gutes und enges Verhältnis zu ihrer Familie, zu den Eltern ebenso wie zum Bruder. Durch viel Fleiß, Strebsamkeit und Neugierde bewährte sich M. in der Schule und im Job. Sieben Jahre lang arbeitete sie in verantwortlicher Position im Außendienst einer privaten Dienstleistungsfirma, absolvierte zusätzliche Fortbildungskurse wie etwa zur Ernährungstrainerin und sammelte Erfahrung bei lokalen Medien. M. war nicht nur tüchtig, gutaussehend und kontaktfreudig, sondern auch lebensfroh. Doch dann schlitterte sie in die Sucht. In die althergebrachte und oft beschriebene Glücksspielsucht. Eine Sucht, die von den Mitmenschen noch weniger verstanden und akzeptiert wird als andere Süchte, weil keine Substanz, kein materielles Suchtmittel im Spiel ist. Also glauben Unkundige, es sei »nur« eine Frage des Willens, des Charakters. Doch es handelt sich um eine Krankheit wie bei der Alkohol- oder Heroinsucht.

Wie gesagt, kam die Wende mit der schwierigen Geburt ihres Sohnes. M. blieb zu Hause beim Kind, begann erst nach sechs Monaten zweimal wöchentlich halbtags zu arbeiten. Die Beziehung zum Kind hatte vom ersten Tag an den Charakter einer Verschmelzung. »Wir haben eine extrem starke Bindung. Von Beginn an suchte N. die absolute Körpernähe. Er ist nur bei mir eingeschlafen, hat auf mir geschlafen, war bei mir am ruhigsten. Bei anderen ist er unruhig geworden und hat nicht geschlafen. Ich habe ihn anderthalb Jahre lang in den Schlaf getragen, konnte ihn nicht einfach ins Bettchen legen. Ich hatte nicht einmal ein Babyfon, ich bin kaum aus dem Zimmer gegangen, war 24 Stunden nur für ihn da. Außer Kind und Haushalt habe ich gar nichts mehr gemacht, keine Freundinnen getroffen, nichts.« Ein abrupter Einschnitt für jemanden, der gewohnt war, viel und hart zu arbeiten, andauernd unterwegs und mit Menschen in Kontakt zu sein. »Bei aller Liebe hat sich da natürlich auch Langeweile eingeschlichen und es ist mir etwas abgegangen. Manchmal hatte ich sogar das Gefühl, die Decke fällt mir auf den Kopf. Der Kindesvater hat als Handwerker den ganzen Tag gearbeitet und konnte mit dem Kind, solange es so klein war, nicht allzu viel anfangen. Jetzt hat sich das gebessert, aber mit dem Baby war es doch anders. Heute sage ich mir, dass der Beginn meines Spielens nichts anderes war als eine Flucht.«

Glücksspiel als Flucht

Aus der abgeschotteten Welt der Mutter-Kind-Verschmelzung gab es aber doch Fenster nach draußen: Radio, Fernsehen und vor allem das Internet. Unter den mannigfaltigen Informationen, Botschaften und Möglichkeiten der Beschäftigung, die da angeboten wurden, befand sich eine ganz spezielle. Eine, die die verführerische Eigenschaft besitzt, eine schnelle und starke Erregung, den sogenannten Kick, zu beschaffen: das Spiel. »Du wirst ja dauernd von der Werbung für diese Spiele überflutet, im TV, aber vor allem im Internet. Bet-at-home, Mr. Green, win2day und wie sie alle heißen. Irgendwann habe ich es mit ganz, ganz kleinen Summen ausprobiert. Anfangs eigentlich nur aus Neugierde. Sehr bald wurde es zu meiner Art der Flucht.«

Eine sehr einfache Flucht. Einloggen, angeben, dass man 18 Jahre alt ist, E-Mail- und Meldeadresse, einzahlen über E-Banking vom eigenen Bankkonto oder per Bankomatkarte und 30 Sekunden später ist die gewünschte Summe auf dem Spielerkonto im Computer – los kann's gehen. »Tausende Spiele stehen dir zur Verfügung, Jackpot, Poker, andere Kartenspiele, Roulette und natürlich Automaten. Ich habe ausschließlich mit Automaten gespielt. Das Limit pro Einzahlung beträgt 3000 Euro. Es gab Tage, da kam ich schon auf 15.000, also fünf Einzahlungen, obwohl ich nur ca. zwei Stunden am Tag gespielt habe, wenn das Kind schlief. Begonnen habe ich mit 10-Euro-Einzahlungen, dem Minimum. Pro Spiel setzte ich damals 10 Cent. Das geht ja ganz schnell bei den Automaten. Ein Spiel dauert 10 bis 15 Sekunden. Sehr bald habe ich meine Sätze erhöht, immer mehr, immer höher. Nicht mehr 10 Cent, sondern 10 Euro, dann 20, 50 – irgendwann war ich bei 100 Euro pro Spiel, 10-Sekunden-Spiel wohlgemerkt. Denn ich hatte mittlerweile schon viel verloren und wollte mein Geld unbedingt zurück! Und man gewinnt ja gar nicht so selten, auch gleich mehrere Tausend. Ich habe mir immer wieder größere Summen von meinem Spielerkonto auszahlen lassen können, einmal 35.000, dann 20.000 oder 25.000 Euro. Das ist ja das Verlockende. Ich konnte damit wieder Schulden decken. Aber letztlich verliert man unterm Strich immer ungleich mehr, als man gewinnt.«

Die Schulden und das Geheimnis

Als erstes verlor M. ihre gesamten Ersparnisse, 35.000 Euro. Dann nahm sie das Geld von jenem Konto, das sie und ihr Lebensgefährte für den schon begonnenen Bau ihres Eigenheims angelegt hatten. Nachdem sie sämtliche Finanz- und Behördenangelegenheiten im gemeinsamen Haushalt verwaltete, fiel es ihrem Partner sehr lange nicht auf. Als auch dieses Geld verspielt war, begann M. die Familie, Freunde und Bekannte anzupumpen. »Oh Sch..., ich hab ein Problem, sagte ich mir, ich muss das Verspielte zurückgewinnen. Bei jedem, von dem ich mir Geld ausgeborgt habe, benützte ich dieselbe Ausrede. Und alle haben mir sofort geglaubt. Ich erklärte, dass ich mein Geld angelegt hatte, dass es gesperrt oder nur mit hohen Verlusten zu haben sei, dass ich aber Rechnungen für den Hausbau zahlen müsse. Und jeder hat mir Geld geborgt, jeder. Bedeutende Summen, Zehntausende.« Von insgesamt 18 Privatpersonen erhielt M. Geld, Geld zum Weiterspielen. Nach einem Jahr hatten sich die Schulden auf 70.000 Euro angehäuft. Genau da hatte

M. mehrere Glückssträhnen und gewann gute 50.000 Euro zurück. Doch anstatt die Gewinne in Sicherheit zu bringen und Schulden zu begleichen, hoffte M., der »gute Lauf« werde anhalten. Eigentlich wollte sie nichts anderes, als den Ausgleich schaffen, schuldenfrei sein.

Es kam anders. »So schnell konnte ich gar nicht schauen, so schnell war das Geld schon wieder weg. Ich war verzweifelt. Ich habe geweint, ich bin zusammengebrochen, ich wusste nicht mehr weiter. Dabei hatte ich mein Kind, den Haushalt, arbeitete Teilzeit und kümmerte mich um den Hausbau. Ich hatte de facto zwei Leben, ein offenes und ein verstecktes. Denn ich konnte mit keinem Menschen reden, niemand wusste von meiner Spielsucht. Das war das Schlimmste, das hat mich fast kaputt gemacht, seelisch fast ruiniert. Der psychische Druck war enorm. Diese schmerzhafte Scham – so wahnsinnig geschämt habe ich mich – und die Schuldgefühle, die Ausweglosigkeit, zum Verrücktwerden. Oft hatte ich Selbstmordfantasien, den Wunsch, einfach Schluss zu machen, von der Erdoberfläche zu verschwinden. Aber wenn ich zum Bett meines N. ging, fasste ich mich wieder. Zum Glück.«

Trotz des verbissenen Schweigens blieben die Veränderungen in M.s Persönlichkeit nicht unbemerkt. Sie war angespannt, nervös, schlecht gelaunt, bedrückt. Die Beziehung zu ihrem Lebenspartner begann darunter zu leiden. »Er reagierte gereizt, oft auch aggressiv, manchmal ist ihm sogar die Hand ausgekommen. Ich gebe zu, ich war nicht mehr ich selbst. Durch die Sucht bist du nicht mehr du selbst. Du hast den Spielverlust und alles, was du angerichtet hast, immer im Kopf, die ganze Zeit, es lässt dich nicht los. Und ich hatte nicht den Mut, mich jemandem anzuvertrauen. Es war, als wäre ich in einer anderen Welt. Erst jetzt verstehe ich, dass das eine wahrhaftige Krankheit ist. Heute kann ich das auch annehmen, früher hatte ich nur eine blinde Wut und einen Hass auf das Ganze.« In zweieinhalb Jahren waren die Schulden auf 471.000 Euro gestiegen, dann kam das große, aber auch reinigende Gewitter.

Schock und Erlösung

Eines Tages fiel M.s Lebenspartner zufällig eine Zahlungsmahnung in die Hände, weil eine Rechnung der Hausbauarbeiten überfällig war. Er wurde misstrauisch, forderte Einsicht in sämtliche Bankkonten. Das Geheimnis war gelüftet. Schock, Ungläubigkeit, Zorn. Sofort informierte er die Eltern. Für die Mutter war es besonders hart. Sie und M.s Vater hatten sich getrennt, als M. sechs war. Der Grund: Auch der Vater hatte gespielt. Das hatte die Beziehung schon in Mitleidenschaft gezogen, dann ging er zudem ein Verhältnis mit einer anderen Frau ein. Und jetzt die Tochter. Jene Tochter, zu der alle so aufgeblickt hatten, weil sie so gescheit, so tüchtig, so erfolgreich und ohne Probleme war. Für die Mutter, aber auch für den Stiefvater, stürzte eine Welt ein. M. war zwar enorm erleichtert – endlich nicht mehr lügen und verheimlichen, nicht mehr mit der Last alleine sein –, zugleich stiegen auch in ihr sämtliche Erinnerungen der Kindheit auf. »Ich bin mit der Trennung meiner Eltern nie klargekommen. Ich kann mich an viele schlechte Zeiten erinnern. Mama und Papa haben sehr oft gestritten, am Telefon, im Auto, dauernd. Die Mama hat viel geweint und gelitten und ich bin streckenweise bei meiner Oma aufgewachsen, und das Schlimmste für mich war, dass der Papa weg war. Ich wurde nie schlecht behandelt, nicht geschlagen oder gar misshandelt, aber seelisch hat das sicher Narben hinterlassen. Und genau so ein Schicksal wollte ich für mein Kind vermeiden. N. war ein absolutes Wunschkind, beiderseits. Ich habe das Rauchen eingestellt, wir haben begonnen, unser Haus zu bauen – alles, wie man sich das Glück vorstellt … und jetzt das! Genau wie bei meinen Eltern und mir, ein Déjà-vu.«

Noch blieb ihr Partner bei M., meinte, das würden sie schon irgendwie schaffen. Doch das hatte seinen Preis. »Mein Ex-Freund meinte, ich könnte das ja auf eine gewisse Art und Weise gutmachen. Ich musste dann halt ›herhalten‹, wie man so schön sagt. Mich hat es geekelt, oft abgestoßen. Als ich ihn fragte, ob das für ihn eine Art Entschuldigung sei, die er sich erwarte, antwortete er ohne Umschweife: Ja.« Irgendwann kam es zur Trennung, einvernehmlich. Er blieb im neu gebauten Haus, sie zog zu den Eltern. Überhaupt stehen die Eltern und die gesamte engere Familie voll und ganz zu M. und haben prompt geholfen. »Ich habe nicht nur mich, sondern auch meine Familie finanziell ruiniert. Mein Stiefvater hat einen Kredit im Wert der Hälfte seines Hauses aufgenommen, damit ich einen Teil meiner Schulden zurückzahlen kann. Sein Erspartes, das Ersparte meiner Mutter und sogar das meiner Oma, die ohnehin ein geringes Einkommen hat, das haben sie alle zur Verfügung gestellt. Und mein Bruder, der selbst Unterstützung brauchen könnte, ist jetzt leider hinten dran. Das ist sehr schlimm für mich.«

Zusammenhalt, Unterstützung, Hilfe – ja, das gibt die Familie großzügig und selbstlos. Aber verstehen, was mit M. eigentlich passiert ist, warum sie so gehandelt hat, das können ihre Angehörigen nicht, besonders nicht die Mutter. »Du bist wie dein Vater, das hast du von deinem Vater‹, wiederholt sie immer wieder. Vor langer Zeit hat sie mein Papa so tief verletzt und gekränkt und jetzt mache ich dasselbe. Meine Sucht als Krankheit sehen, das kann niemand in der Familie. Das seien die Folgen des Wohlstands, der Langeweile, man müsse viel arbeiten, damit man nicht auf so dumme Gedanken komme. Ich werfe meiner Mutter nichts vor, im Gegenteil, aber an ihrer Stelle würde ich mich fragen, ›was habe ich falsch gemacht?‹. Wahrscheinlich stellt sie sich die Frage insgeheim. Schließlich haben meine Eltern bei der Kindererziehung gegeben, was sie konnten, sie wussten es einfach nicht besser.«

Als Konsequenz ihrer Erfahrung möchte M. in Zukunft nicht nur ihre Spielsucht bezwingen, sondern sowohl ihr eigenes Leben als auch das ihres kleinen Sohnes anders gestalten. Autonomer, selbstständiger, nicht mehr so abhängig voneinander, wie sie es von ihrer Kindheit bis heute in und mit der Familie gelebt hat. Aber auf dem Weg dorthin ist sie noch in eine zweite Abhängigkeitsfalle gestolpert.

Der Beschützer als Manipulator

In ihrer Verzweiflung suchte M. Rat und Hilfe bei einem anerkannten Institut für Spielerschutz. Es wurde ihr geholfen. »Ich wurde als erstes bei der Schuldenregulierung unterstützt. Mit den Gläubigern wurden Abschlagszahlungen, Verzichtserklärungen und mehr vereinbart. Das hat meinen Schuldenstand von 470.000 Euro auf 120.000 Euro gebracht und mich sehr erleichtert, weil ich mir dachte, das kann ich schaffen. Jetzt zahle ich im Monat 1200 Euro zurück.« Der für M. zuständige Spielerbeschützer sah seine Funktion jedoch nicht nur in der Unterstützung in materiellen Belan-

gen. Er sah sich richtigerweise auch als Ratgeber und Betreuer, der M. hilft, ihr Leben neu zu ordnen. Schließlich
war sie durch ihre Spielsucht und die daraus resultierende
Katastrophe psychisch angeschlagen, verwirrt, verzweifelt.
»Ich blieb ab sofort spielfrei, versuchte mich wieder aufzurichten und war für die Hilfe dankbar. Irgendwann kamen mein Spielerschützer und ich uns näher, das Verhältnis wurde zur Liebesgeschichte. Ab da an drängte er mich,
mein Privatleben radikal zu verändern. Mein Elternhaus
mache mich krank, mein Kind mache mich krank, zwischen mir und meiner Mutter herrsche eine krankhafte Abhängigkeit, zwischen mir und meinem Kind ebenso. Deshalb solle ich mich von zu Hause lösen, das Sorgerecht für
N. zur Hälfte abgeben, damit der Sohn zumindest jede zweite Woche beim Kindesvater verbringe. Er werde mir den
richtigen Weg zu einem selbstständigen, gesunden Leben
zeigen. Er konnte sehr gut reden, die Dinge glaubhaft erklären. Ich war in ihn verliebt und er wohl auch in mich, trotzdem fühlte ich mich verunsichert. Alles, was ich glaubte
und sagte, hat er hinterfragt, sodass ich mich selbst fragte:
›Bin ich jetzt schon so verblödet, dass ich mein Leben, meine ganze Welt, falsch sehe? Oder will er einfach, dass ich
vollkommen nach seinen Vorstellungen lebe? Will er mich
möglicherweise in Abhängigkeit von ihm bringen?‹ Das
fragte ich ihn sogar ganz direkt. Er verneinte natürlich entschieden. Er wolle eine unabhängige, freie Beziehung, aber
er wisse, wie das auszusehen hat, wie sowas geht.« Der Beschützer riet M. auch zu einer stationären Behandlung ihrer
Spielsucht, doch sie wollte das nur akzeptieren, wenn sich
ein Klinikplatz mit angeschlossener Kinderbetreuung fän-
de, damit sie nicht wochenlang von ihrem Buben getrennt
würde. Ein solcher Platz wurde nicht gefunden. M. und ihr

Geliebter verbrachten viel Zeit gemeinsam, machten auch eine schöne Urlaubsreise. Therapie gab es keine, sieht man von den Gesprächen mit dem geliebten Beschützer ab.

Nach acht Monaten passierte es. M. fing wieder an, heimlich zu spielen und zu verspielen. Warum? Das kann sie sich bis heute nicht wirklich erklären. Wahrscheinlich, weil sie in dieser spielabstinenten Zeit keine therapeutische Hilfe erhielt und sich wenig mit dem Ganzen auseinandersetzte. Wieder verschweigen, wieder lügen, wieder die Scham, und dann kam auch noch eine Verzweiflungstat hinzu. M. nahm Geld an sich, das der Betreuer für jemand anderen hinterlegt hatte, 7000 Euro. Sie war mit Zahlungen im Rückstand. Wieder Drama, wieder sprangen die Eltern ein, um das Geld zurückzugeben, aber ab jetzt forderte der geliebte Beschützer unbedingten Gehorsam. Er werde sie jetzt vor der Außenwelt schützen.

Er brachte sie auf die Psychiatrie. Man verschrieb ihr Neuroleptika und Schlafmittel und entließ sie wieder. Dann zwang ihr Begleiter sie, den Eltern zu sagen, sie werde stationär behandelt, während sie in Wirklichkeit bei ihm zu Hause isoliert wurde. Niemandem etwas sagen, niemanden sehen, kein Besuch. Als M. nach Tagen heimlich mit ihrer Mutter telefoniert und versucht hatte, aus der ungewollten therapeutischen Umklammerung nach Hause zurückzukehren, hagelte es Drohungen. Er werde Anzeige wegen des entwendeten Geldes erstatten, das Jugendamt einschalten, weil das Wohl des Kindes gefährdet sei und bei Gericht beantragen, dass M. besachwaltet werde. Als M. trotz aller Drohungen ging, setzte er diese in die Tat um. Auch M.s Arbeitgeber und ihre Arbeitskolleginnen setzte er über M.s Probleme in Kenntnis, mit der Aufforderung, sie sollten bei eventuellen Unregelmäßigkeiten doch auch Strafanzeige erstatten. »Er hat mich terrorisiert. Er ist Schlitten gefahren mit mir. In der schlimmsten Zeit meines Lebens, als ich keine Kraft und Energie mehr besaß, als ich nicht mehr wusste, wer ich eigentlich bin, wollte er mir diktieren, was ich zu tun habe. Er wollte mich abhängig machen. Anders kann ich mir das nicht erklären.«

M. hatte Glück, der Beschützer Pech. Es gibt eben auch professionelle und rechtschaffene Beamte und Fachkräfte in diesem Land, die das Richtige erkennen und tun. »Zuerst ist der Herr vom Jugendamt zu mir nach Hause gekommen. Der kannte mich schon und bestätigte, dass N.s Kindeswohl bei mir in besten Händen ist. Im Gegenteil, das Jugendamt hat mich unterstützt und die Beratertätigkeit meines Spielerbetreuers, seine Kompetenz, in Frage gestellt. Und als der Gerichtsbeamte wegen der Besachwaltung gekommen ist, war es ähnlich, vor allem nachdem ich sämtliche Karten auf den Tisch gelegt und alles offengelegt habe, auch das Verhältnis zu meinem Beschützer.«

Auch die Eltern und der Arbeitgeber standen und stehen zu M. Und als sie sich endlich zu einer stationären Behandlung ihrer Sucht entschloss, auch ohne Kinderbetreuung, erhielt sie die wohl wichtigste Unterstützung, nämlich jene der für sie zuständigen Therapeutin in Kalksburg.

Ohne Geheimnisse, ohne Angst

»Hierher zu kommen war richtig, und da zu sein, hilft mir. Obwohl die Mehrheit der Patienten wegen ihrer Alkoholsucht da ist, finde ich es gut, das Ganze einmal zu sehen. Es ist abschreckend zu sehen, was die Sucht mit einem Menschen anrichten kann, welches Leid sie bringt. Für mich speziell ist die Therapiegruppe für Spieler sehr hilfreich. Man bespricht nicht nur Ursachen und Gründe der Abhängigkeit, sondern auch ganz konkret, was man tun kann, um den Gefahren eines Rückfalls zu begegnen, Gewohnheiten zu verändern, sein Leben neu zu gestalten. Sogar jene Mitpatienten, die noch zögern, ihre Sucht als echte Krankheit anzunehmen, sind hilfreich. Weil man bei ihnen häufig sieht, dass sie noch nicht so tief unten angelangt waren, es ihnen wahrscheinlich noch nicht so schlecht gegangen ist. Dass sie nicht bei jedem Spiel mit großem Geldverlust unter Magenkrämpfen, Schweißausbrüchen, Schwindelgefühlen und einem totalen Chaos im Kopf gelitten haben. Und unter den schrecklichen Schuldgefühlen und der Scham. Das jetzt alles aufzuarbeiten bereitet auch Schmerzen, große sogar. Ich weine viel, sitze allein und denke nach, stundenlang. Ist alles nicht so leicht. Aber ich bin ruhiger geworden.«

Verstehen, was sie gemacht hat und warum, die Gedanken ordnen, Ruhe finden, wieder Kräfte sammeln, um das Leben draußen neu anzugehen, das könne sie in der Klinik. Der Familie und allen, die ihr geholfen haben, ist M. dankbar. Sehr wichtig sei aber, dass in Kalksburg begleitend auch die Eltern einbezogen werden. M. hofft, dass die Therapeuten vor allem ihrer Mutter verständlich machen können, dass ihre Tochter unter einer Krankheit leidet. Denn die Mutter sehe noch immer in der mangelnden Willensstärke das Problem ihrer Sucht. Doch gerade der gut gemeinte Druck, die ständigen Ermahnungen der Mutter, würden ihr nicht helfen, sondern das Ganze schlimmer machen, sie belasten. Am meisten freut sich M. jedenfalls auf ein schöneres Leben mit ihrem Kind, ohne Geheimnisse und Angst. »Auf das freue ich mich! Nichts mehr verstecken

und verheimlichen zu müssen, nicht mehr bei jedem Brief
oder Telefonklingeln in Angst und Schrecken zu verfallen,
sondern einfach wieder offen und ehrlich sein zu können,
wie früher – auf das freu ich mich schon sehr.«

Und jetzt?

Bei Erscheinen dieses Buches sind die von mir eingeholten Selbstzeugnisse meiner ehemaligen MitpatientInnen ein Jahr alt. Verständlicherweise steht die Frage im Raum »Und wie geht es ihnen jetzt? Wie erfolgreich war die Therapie?« Für eine aussagekräftige Antwort ist die vergangene Zeit zu kurz. An der Sucht erkrankt man nicht über Nacht. Gegen die Sucht gibt es auch kein Medikament, das einen heilen könnte, wie im Fall einer Infektionskrankheit. Dementsprechend ist das Loskommen von der Abhängigkeit ein langer, schwieriger und alles andere als geradliniger Prozess. Trotzdem: Mehr als der Hälfte meiner Gesprächspartner ging es bei Drucklegung des Buches gut, ziemlich gut oder sehr gut. Einigen ging es weniger gut, einige erlitten einen Rückfall und zu einigen gelang es mir nicht, den Kontakt aufrechtzuerhalten. Ich möchte allen für ihre Mitwirkung danken und wünsche ihnen viel Kraft für die Zukunft.

Was kann Therapie?

Ein Gespräch mit Prof. Dr. Michael Musalek

Professor Michael Musalek ist einer der international renommiertesten Experten der Suchtforschung. Über seine vielfältige Tätigkeit in Forschung, Lehre und klinischer Praxis gibt das Curriculum auf S. 189 f. Auskunft. Der folgende Text ist die Zusammenfassung eines mehrstündigen Interview-Gespräches. Ein 360-Grad-Tour-d'Horizon zu allen wichtigen Fragen der Sucht und möglicher Therapie.

Die gute Nachricht zuerst. Die Heilungsprognose bei der in unseren Breiten und in unserer Kultur am weitesten verbreiteten Sucht, nämlich der Alkoholsucht, ist überraschend hoch, ja geradezu enorm hoch: 80 Prozent! Allerdings gilt diese Prognose nur unter gewissen Umständen, betont Prof. Musalek: »Der entscheidende Faktor heißt Therapie. Primär ist dabei nicht einmal die Art der Therapie, sofern sie von ausgebildeten Suchttherapeuten praktiziert wird. Ausschlaggebend für den Therapieerfolg ist die Bereitschaft des Patienten, sich dauerhaft therapeutisch begleiten zu lassen. Das ist der alles entscheidende Faktor. Wenn es gelingt, einen Alkoholkranken in einer dauerhaften Therapie zu halten, dann beträgt die Chance, dass er ein symptomfreies Leben erreicht, 80 Prozent. Symptomfrei sein heißt abstinent bleiben – bis auf seltene und kleinere Rückfälle – und folglich unter keinen körperlichen und sozialen Beeinträchtigungen zu leiden. Das ist eine äußerst hohe Erfolgsquote für eine chronische Krankheit, die in die Klasse von Erkrankungen wie chronischer Bluthochdruck, Diabetes mellitus oder chronische Gelenkserkrankungen fällt. Wenn es hingegen nicht gelingt, den Patienten in dauerhafter Therapie zu halten, dann fällt die Erfolgsquote auf 10 bis 15 Prozent. Deshalb finden Sie in der wissenschaftlichen Literatur meist statistische Heilungswerte zwischen 30 und 60 Prozent, weil diese eben von der höheren oder geringeren Frequenz der Therapie abhängig sind. Das Entscheidende ist also, Therapieformen zu finden, die so attraktiv sind, dass jemand in Behandlung bleibt, dass sich der Patient sagt: Ja, das ist gut für mich, da bleibe ich dabei.«

Diese Erkenntnis über die zentrale Bedeutung der dauerhaften Therapie bei der Behandlung der Alkoholkrankheit wurde erst vor Kurzem von Suchtexperten, darunter auch Prof. Musalek, europaweit in einem sogenannten Konsensus-Statement festgeschrieben. Seit Langem betonen Musalek und das von ihm geleitete Anton-Proksch-Institut, dass das Gelingen oder Nicht-Gelingen einer Therapie keinesfalls vom »starken Willen« oder dem »starken Charakter« des Patienten abhänge. Im Gegenteil. Ausschlaggebend sei die Motivation des Patienten. Die Hilfe bei der Schaffung und Stärkung der Motivation ist deshalb das Herzstück der von Musalek entwickelten »Orpheus-Therapie«. Aber bevor wir dazu kommen, das Wichtigste über die grundsätzlichen Mechanismen und Gesetzmäßigkeiten der verschiedenen Suchterkrankungen.

Suchtmittel sind wunderbare Substanzen, sie sind ein Zaubertrank

»In der Tat ist jedes Suchtmittel ein Zaubertrank oder eine wunderbare Substanz, denn sonst würde es ja gar nicht konsumiert und es wäre auch nicht gefährlich. Gefährlich sind die Suchtmittel, weil sie eben so hochattraktiv sind, aber, wenn man sie zu lange zu sich nimmt, zu erheblichen Problemen führen. Einerseits zur Sucht, andererseits zu Nebenwirkungen und Folgeerkrankungen, die einfach mit der jeweiligen Substanz verbunden sind. Gehen wir sie durch.

Kokain: Eine euphorisierende Substanz. Man fühlt sich großartig, man hat ein unglaubliches Selbstwertgefühl, das natürlich mit dem realen wenig zu tun hat, man ist leistungsfähiger, man braucht weniger Schlaf, um nur einige Vorteile zu nennen. Konsumiert man es zu lange, kommt es zur sogenannten Toleranzentwicklung, d. h. ich muss immer mehr von derselben Substanz nehmen, um denselben Effekt zu erzielen – man gerät in die Suchtspirale.

Heroin: Das Heroin wirkt so, als hätte man zehn Jahre Zen-Meditation betrieben, um einmal den Zustand des berühmten »OM« zu erreichen. Allerdings stellt sich dieses Gefühl durch ein paar intravenös verabreichte Tröpfchen Heroin sofort ein, während man es ohne Substanz nur durch jahrelange Mühen erreichen kann. Das verführt den Menschen natürlich dazu, es sofort wieder erleben zu wollen, was wiederum sehr bald die Gewöhnung und letztlich die Abhängigkeit zur Folge hat.

Amphetamine: Amphetamine sind bekanntlich massiv antriebssteigernd, man braucht wenig Schlaf und ist leistungsfähig, zumindest eine Zeitlang.

Damit sind all diese Substanzen, auch der Alkohol, für den Einzelnen ein Zaubertrank. Man wächst über sich hinaus, man kann plötzlich Dinge, die man sonst nicht kann. In Wirklichkeit handelt es sich zum größten Teil um ein vermeintliches Können, aber für das subjektive Erleben ist das nicht relevant. Das Tragische dabei ist der Bumerang-Effekt: die Sucht und die Nebenwirkungen.

Alkohol: Auch beim Alkohol ist es so. Doch der Alkohol ist eine schwierige Substanz, weil er ein viel breiteres Wirkungsspektrum besitzt. Er wirkt in niedriger Dosierung euphorisierend, enthemmend. Man traut sich zum Beispiel, dem anderen Dinge zu sagen, die man ohne Alkohol nicht so offen sagen würde. Dann ist der Alkohol eine angstlösende Substanz. Er ist sicher der am besten schmeckende Tranquilizer, den es am Markt gibt. In höherer Dosierung wirkt er allerdings depressionogen, also die depressive Stimmung fördernd. Man muss sich außerdem im Klaren sein, dass wir beim Konsum von alkoholischen Getränken verschiedene Alkoholarten zu uns nehmen.

Die Hauptsubstanz, die uns auch berauscht, ist das Ethanol, also der Ethylalkohol. Aber in jedem solchen Getränk ist auch Methylalkohol enthalten. Er ist vor allem für die Nervenschädigungen zuständig. Und in jedem alkoholischen Getränk sind auch langkettige Alkohole enthalten, die sogenannten Fuselalkohole. Je nach Qualität des Getränks ist der Anteil an Methylalkohol und an Fuselalkoholen unterschiedlich. Wir haben vor langer Zeit schon in einer Studie die gängigsten Getränke verglichen. Wenn wir nur den Methylalkohol nehmen, enthält Bier etwa 5 bis 8 Milligramm (mg) Methylalkohol pro Liter, Weißwein um die 15 mg, Rotwein schon um die 30 bis 60 mg pro Liter, irischer Whisky 20 bis 40 mg, schottischer Whisky hingegen zwischen 80 und

120 mg pro Liter, beim amerikanischen Whisky steigt der Methylalkohol-Anteil auf 300 mg und beim selbstgebrannten Obstler sind wir dann schon bei 3000 bis 5000 mg, also 3 bis 5 Gramm pro Liter. Da kommt es dann schon zu schweren Schädigungen, allein durch den Methylalkohol.

Ein weiteres Phänomen, das den Alkohol zu einer so komplexen Substanz macht, ist die Wirkung der Dosierung. Wir haben eine durchgehende Wirkung der Anästhetisierung. Der Alkohol ist ein Anästhetikum, ein Betäubungsmittel, also schmerzlindernd, und je höher die Dosierung, desto stärker die Wirkung. Es ist ein sedierendes, ein beruhigendes Mittel, in niedriger Dosis anxiolytisch, also angstlösend und spannungslösend. Bei höherer Dosierung ermüdet man zusehends und irgendwann ist man schwer sediert bis hin zum Vergiftungszustand. Dasselbe gilt für die enthemmende Wirkung: leichte Enthemmung bei niedriger Dosierung, bei starker Dosissteigerung kommt es bis zu heftigen Enthemmungserscheinungen, sodass man vollkommen unkontrollierte Taten vollbringt, ohne sich daran überhaupt erinnern zu können.

Ganz anders ist es bei der Stimmung. Da wirkt der Alkohol bei niedriger Dosierung euphorisierend, aber, was die wenigsten wissen, die Wirkung schlägt bei höherer Dosierung um, er wird depressionogen. Unter höherer Dosierung verstehen wir bei sehr vielen Menschen 2 bis 3 Viertelgläser Wein oder 2 bis 3 große Bier. Sehr deutlich kann man das bei Festen und Abendeinladungen beobachten, der Ablauf ist fast immer der gleiche. Anfangs sind die Leute noch gehemmt, nach den ersten Gläsern werden sie ungehemmter, dann euphorisch und lustig. Es werden Witze erzählt, es wird gelacht, die Stimmung ist aufgeräumt. Doch mit dem Fortschreiten des Abends kippt das Ganze. Dann diskutiert man über die großen Fragen der Zeit und des Lebens, über die Politik, den Papst, den Hunger in der Welt usw. Die meisten Gäste glauben, in eine intellektuelle Phase einzutreten. Es hat aber in Wirklichkeit damit wenig zu tun, denn es geht immer gleich aus: Am Ende ist alles furchtbar, macht keinen Sinn usw., die depressive Stimmung dehnt sich auf die gesamte Gruppe aus. Da haben wir dann die depressionogene Wirkung des Alkohols.«

Das sei die dominierende Erscheinung, so Musalek. Das Umschlagen in aggressive Stimmung trete im Vergleich dazu lediglich bei einem geringen Teil der Menschen auf. Diese Aggression kann sich allerdings gemeinsam mit der Enthemmung bis zu Gewalttaten steigern. Dabei gebe es da schleichende Übergänge zum sogenannten pathologischen Rausch, eine Art epileptischer Dämmerzustand. Obwohl durchaus verbreitet, bleibe die Aggressivität infolge hohen Alkoholkonsums jedoch gegenüber der fast bei jedem eintretenden depressiven Stimmung ein selteneres Phänomen.

Ab wann ist man von Suchtmitteln abhängig?

In Österreich gelten mehr als 350.000 Personen als alkoholkrank und fast dreimal so viele als problematische Gewohnheitstrinker, also als Risiko- oder Problemtrinker. Aber wie und wann weiß man, dass jemand süchtig ist? »Die Abhängigkeitserkrankung selbst ist einfach zu diagnostizieren. Der problematische Konsum ist schon schwieriger zu diagnostizieren und der Übergang vom problematischen Konsum in die Krankheit ist selbst von sehr erfahrenen Klinikern oft nicht leicht festzustellen. Zur Diagnose der

Krankheit gibt es sechs Kriterien. Werden drei davon erfüllt, ist man abhängigkeitskrank. Das gilt gleichermaßen für Nikotin, Heroin, Kokain, Alkohol, für Amphetamine, Tranquilizer oder was auch immer.

Das erste und zentrale Kriterium ist der Kontrollverlust. Das heißt, dass ich nicht mehr bestimmen und steuern kann, ob und wann ich trinken möchte und wie viel ich trinken möchte.

Das zweite Kriterium, das leider meist verkannt wird und schon ein erstes Zeichen der körperlichen Abhängigkeit darstellt, ist die Toleranzentwicklung. Das heißt, ich erreiche mit derselben Dosis nicht mehr dieselbe Wirkung, ich brauche immer mehr. Beim Alkohol ist das auf die Blut-Hirn-Schranke zurückzuführen. Sie schließt sich, um die Gehirnzellen zu schützen. Dementsprechend verträgt man dann mehr, was allgemein als Trinkfestigkeit verkannt wird, nach dem Motto ›der verträgt aber was‹. In Wirklichkeit ist das schon ein Zeichen der Abhängigkeit.

Das dritte Kriterium ist das sogenannte Craving. Das ist ein starkes, unbändiges Verlangen nach der Substanz und ist für einen Nichtsüchtigen am ehesten zu verstehen, wenn man es mit der Verliebtheit vergleicht. Wenn jemand sehr verliebt ist, eine Person inständig liebt und von ihr verlassen wird, dann kann er sich nicht vorstellen, wie der Tag zu Ende gehen soll, da ist es einfach schwarz dahinter, da geht es nicht weiter – das ist Craving. Das ist nicht vergleichbar etwa damit, dass Sie nachts aufwachen und große Lust auf ein Stück Schokolade haben, dann hin- und hergerissen sind, soll ich, soll ich nicht, und es gewinnt natürlich immer die Schokolade – das ist noch nicht Craving. Deshalb kann man Craving auch nicht mit Schulterklopfen und gutem Zureden behandeln.

Das vierte Kriterium ist schon ein sehr massives Abhängigkeitskriterium, nämlich das Auftreten eines Entzugssyndroms, wenn der Alkoholspiegel oder der Spiegel eines anderen Suchtmittels einen kritischen Wert unterschreitet. Es tritt nicht nur bei Abstinenz auf, sondern auch im alkoholisierten Zustand, wenn die Menge der zugeführten Substanz nicht groß genug ist. Zu diagnostizieren ist das Entzugssyndrom relativ leicht: Es besteht immer aus dem Gegenteil von dem, was die Substanz Gutes kann. Alkohol zum Beispiel ist ein gutes Anästhetikum, er ist beruhigend, angstlösend, den Schlaf anstoßend und macht müde – im Entzug passiert genau das Gegenteil von alledem. Beim Kokain haben wir lang andauernde antriebsgehemmte Zustände, furchtbar. Sie sind Depressionen ähnlich, aber leider mit Antidepressiva nicht so gut behandelbar. So kann man das für alle Suchtmittel deklinieren.

Das fünfte Kriterium ist erfüllt, wenn man die Substanz zu sich nimmt, obwohl man weiß, dass man sich damit schädigt, und zwar nicht nur theoretisch weiß. Das ist etwa der Fall, wenn ich zum Beispiel schon eine schwere Leberschädigung habe und trotzdem trinke. Oder die Frau ist schon zweimal davongelaufen, ich weiß, beim nächsten Mal wird es definitiv sein, und ich trinke trotzdem weiter. Oder ich habe erhebliche Schwierigkeiten im Beruf, trinke aber trotzdem weiter etc.

Das sechste Kriterium ist sozusagen das Maximalkriterium: Das ganze Leben wird auf die Droge ausgerichtet, alles andere ist nicht mehr von Bedeutung – Freunde, Partnerschaft, Beruf. Es zählt nur mehr, wie ich zu meinem Suchtmittel komme.

Wenn also drei der genannten Kriterien erfüllt werden, ist man suchtkrank.«

Gewohnheitstrinker, Problemtrinker oder schon süchtig?

»Viel schwieriger zu diagnostizieren ist, wie gesagt, der *problematische Konsum*. Irgendwann wurden gewisse Grenzmengen des Konsums als Indikatoren festgelegt. Das sind die ominösen 420 Gramm Alkohol pro Woche. Praktisch gesehen sind das eine Bouteille Wein oder drei große Bier oder drei Schnäpse pro Tag, sieben Mal in der Woche. Das ist eine sehr hohe Grenzmenge, die aus der Inneren Medizin stammt und besagt, dass man bei einem derartigen Trinkverhalten mit hoher Wahrscheinlichkeit eine Leberschädigung erleidet. Wir sehen das heute etwas anders. Viel wichtiger als diese Grenzmenge ist für uns, ob jemand regelmäßig trinkt oder nicht, ob er oder sie schwere Berauschungszustände erlebt oder nicht, ob alkoholfreie Tage eingehalten werden oder nicht und vor allem, ob der Alkohol als Medikament oder als Genussmittel konsumiert wird. Dieser problematische Konsum wird immerhin von einem Viertel bis zu einem Drittel der männlichen Bevölkerung in Österreich betrieben. Da sprechen wir also nicht von den Alkoholkranken, die ca. 5 Prozent der Bevölkerung ausmachen, sondern von 25 bis 30 Prozent der Männer. Das ist schon erklecklich.

Ich würde sehr viel dafür geben, wenn ich dieser Gruppe der Hochkonsumierenden sagen könnte: ›Passen Sie auf, bis zum 31. Mai können Sie so weitertrinken, ab dem 1. Juni wird es problematisch, weil ab dem 5. sind Sie abhängig.‹ Das können wir nicht. Das wissen wir schlicht und einfach nicht. Es können sich Personen, die so hoch dosiert trinken, über eine lange Zeit ganz gut halten. Wir alle haben in unserem Bekanntenkreis solche Menschen, es gibt ja genug davon. Aber dann kommt irgendein Einbruch. Sei es ein beruflicher Einbruch, sei es ein persönlicher, eine Beziehungskrise, Schlafstörungen, Depression – manchmal alles zusammen. Dann können diese Problemtrinker ihren Konsum nicht mehr steuern, die Schleuse zum Kontrollverlust ist aufgestoßen. Ich habe in meinem ganzen Leben noch nicht einen einzigen Patienten getroffen, der einfach aus Jux und Tollerei alkoholkrank geworden ist, keinen einzigen. Viele haben aus Jux und Tollerei viel getrunken, und wenn es zu einem Einbruch und zum Kontrollverlust kommt, erzeugt dieser Zustand weitere und neue Probleme, sogenannte Verstärkerschleifen. Der Betroffene kriegt seine Lage nicht mehr in den Griff.«

Wer wird süchtig und warum? Ist Sucht vererbbar?

»Es gibt ganz sicher kein Alkoholgen, besser gesagt kein Alkoholkrankheits-Gen! Es gibt leider auch kein Gen, das vor der Alkoholkrankheit schützt, das wäre ja das ideale Gen. Aber es gibt eine genetische Prädisposition, allerdings nicht die Alkoholkrankheit betreffend, sondern die Alkoholverträglichkeit. Es gibt einfach Menschen, die vertragen Alkohol wesentlich besser als andere und die sind natürlich die Gefährdeten. Denn wenn jemand den Alkohol nicht oder schlecht verträgt, also gleich unter massiven Nebenwirkungen leidet, dann wird er nicht trinken. Diese Personen kommen gar nie in Gefahr, große Mengen zu konsumieren, weil sie schon vorher einen hochroten Kopf bekommen, weil sie sich übergeben müssen, weil sie müde werden oder Koordinationsstörungen haben.

Bei denen, die Alkohol gut vertragen, gibt es wiederum zwei Gruppen. Die eine Gruppe besteht aus Personen, die die Substanz zwar gut vertragen, aber davon nicht profitieren. Was bedeutet profitieren? Es bedeutet, dass sie durch das Trinken in ihrem Leben wirklich einen echten Vorteil haben. Besonders bei Jugendlichen und ihrem eventuellen Einstieg in das Trinken ist das von Bedeutung. Die einen sagen: ›Ja, ist schon was Schönes, so ein Rausch, aber am nächsten Tag fühle ich mich gar nicht wohl, viel hatte ich also nicht davon, die Freundin hat sich auch abgewendet und insgesamt komme ich gar nicht gut an, wenn ich mich betrinke.‹ Zur zweiten Gruppe gehören Personen, die unter Angstzuständen, Spannungszuständen oder Schlafstörungen leiden, die in furchtbaren Verhältnissen leben müssen – die Geschlagenen, die Missbrauchten ... da gibt es eine Fülle von schrecklichen Dingen und Zuständen, die man am liebsten nicht so genau und bewusst wahrnehmen möchte. Diese Menschen können vom Alkohol profitieren, weil er ja anxiolytisch, sedierend und euphorisierend wirkt, weil er stärker macht und weil man sich mit ihm einfach wegschalten kann. Wer Alkohol gut verträgt, wird also wieder und weiter trinken, über die Jahre eine hohe körperliche Toleranz entwickeln und schließlich in der Abhängigkeit landen. Das dauert in der Regel mehrere Jahre, denn alkoholkrank wird man nicht innerhalb von Wochen, dazu braucht es schon eine gewisse Zeit. Aber wie gesagt, ob jemand Alkohol gut verträgt oder nicht, das scheint schon genetisch mitdisponiert zu sein.

Der sehr verbreitete Glaube – und eine auch häufig beobachtbare Tatsache –, dass Kinder, deren Eltern alkoholkrank sind, selbst zur Suchterkrankung neigen, hat nicht so sehr mit den Genen zu tun. Es sind vielmehr das soziale Umfeld, das alkohol-permissive Milieu, die Vorbildrolle der Eltern, die eine Suchtlaufbahn sehr wohl fördern können.

Neben der Frage der Vererbbarkeit einer Abhängigkeitskrankheit stellt sich jene nach den neurochemischen Vorgängen im Gehirn beim Genuss von Suchtmitteln. Am bekanntesten ist die Bedeutung von Dopamin. Im Volksmund wird dieser Botenstoff zwischen den Gehirnzellen auch Glückshormon genannt, weil seine Ausschüttung mit Wohlbefinden verbunden ist. So auch beim Alkoholgenuss. Prof. Musalek warnt jedoch vor einer Überbewertung dieses Vorgangs. »Ich bin da vorsichtig. Es stimmt ohne Zweifel, dass Dopamin die zentrale Substanz ist, die das Wesentlichste bewirkt. Nur: Sucht ist nicht ein Problem der Dopaminausschüttung. So einfach ist das nicht, denn dann könnte man einfach die Dopaminausschüttung verhindern, etwa durch Medikamente, und die Sucht wäre vorbei. Es funktioniert auch umgekehrt nicht: Man kann jemanden nicht durch Dopamininfusionen darauf süchtig machen. Die Rolle des Dopamins ist ein gutes und zurzeit das gängigste Erklärungsmodell. Ich bin seit 35 Jahren in diesem Forschungsbereich tätig und da hat es schon andere Substanzen gegeben, die man als zentral bezeichnet hat, und in 30 Jahren werden wir wahrscheinlich wieder von anderen Substanzen sprechen.

Das Entscheidende ist, zu verstehen, wie jemand zum vollständigen Kontrollverlust kommt. Neben den körperlichen gibt es da nämlich sehr gewichtige psychische Faktoren. Und selbst körperlich gesehen ist es nicht so einfach. Nehmen wir den Alkohol. Mit den ersten ein, zwei Gläsern erlebe ich einen »Flash«, ein deutliches Wohlgefühl durch die sehr starke Dopaminausschüttung. Aber die euphorisierende Wirkung wird dadurch nicht erklärt. Denn die

Dopaminwirkung fällt sehr rasch wieder ab, während die euphorisierende Wirkung eine anhaltende, eine sogenannte Plateau-Wirkung ist. Ich bin diesbezüglich deshalb so präzise und scharf, weil es Tendenzen gegeben hat, den Suchtkranken quasi auf das Rattenhirn zu reduzieren, als würde jeder Mensch funktionieren wie eine Ratte. Wäre das so einfach, wäre die Sucht lediglich ein Dopaminproblem, dann bräuchten wir keine Suchtkliniken. Es würde ein chemisches Labor genügen und eine Stelle, wo man einmal mehr, einmal weniger Dopamin verabreicht, und die Sache wäre erledigt. Nein, wir haben es mit einer äußerst komplexen Störung zu tun, denn die Suchterkrankung ist wahrscheinlich gar keine Erkrankung per se, sondern eine, die sich aufpfropft auf andere. Wir sehen praktisch nie eine Suchterkrankung alleine und isoliert, sie ist immer eingebettet in andere psychische Störungen, was die Sache ja so kompliziert macht.«

Glücksspiel, Internet, Kaufen, Arbeiten – die substanzungebundenen Süchte

Den gängigen Begriff »Verhaltenssucht« findet Prof. Musalek für Süchte, die nicht vom Konsum einer »wunderbaren Substanz« abhängen, ungenau. »Ich spreche lieber von stoffungebundenen oder substanzunabhängigen Suchtformen, um den Terminus Suchterkrankung nicht zu verwässern. Das passiert nämlich heute. Es ist nicht alles eine Suchterkrankung, wo im Begriff das Wort »Sucht« angehängt wird. So ist die Eifersucht keine Suchterkrankung, ebenso wenig die Schokoladesucht, die Zuckersucht – ich bin sogar einmal nach Spanien eingeladen worden, um einen Vortrag über die Bräunungssucht zu halten. Natürlich gibt es Leute, die zu lange im Solarium liegen – manche schaffen es bei uns sogar als Abgeordnete ins Parlament –, aber das ist keine Krankheit.

Wir unterscheiden heute vier anerkannte substanzungebundene Süchte: die Glücksspielsucht, die Internet- oder Onlinesucht, die Kaufsucht und die Arbeitssucht. Das sind die weltweit anerkannten und außer Diskussion stehenden stoffungebundenen Suchtformen. Umstritten ist die Sexsucht. Da mag es schon eine sehr kleine Gruppe geben, bei der wirklich ein Suchtmechanismus wirksam ist, aber es gibt eben sehr viele Leute, die Verhaltensformen praktizieren, die gesellschaftlich nicht gut akzeptiert sind. Nicht jeder Golfspieler, der mit mehr als einer Frau eine Beziehung unterhält, ist sexsüchtig. Gerade in den USA ist das ja eine willkommene Ausrede für Prominente, die mehrere Freundinnen haben. Ein weiteres typisches Beispiel ist die Esssucht, die ebenfalls keine Suchterkrankung ist. Sie hat zum Teil Überschneidungen mit einer Suchterkrankung, keine Frage. Wir hatten im Anton-Proksch-Institut lange Zeit eine spezielle Behandlung von Essstörungen. Wir haben diesen Schwerpunkt aufgegeben, weil sie keine Suchtkrankheit sind, weil da ganz andere psychodynamische Faktoren im Hintergrund tätig sind und deshalb andere Behandlungsformen erfordern. Ähnliches gilt für die Bulimie, die Ess-Brechsucht, während die Magersucht, also die Anorexia nervosa, mit einem Suchtmechanismus gar nichts zu tun hat. Das scheint eine körperliche Erkrankung zu sein, man diskutiert heute hinsichtlich der Magersucht vielmehr Störungen gewisser Hirnareale.

Der entscheidende Punkt bei der Suchterkrankung ist folgender: Es muss eine starke psychotrope oder psychoaktive Wirkung geben, das Suchtmittel muss quasi ein Zaubertrank sein, muss mich in eine andere Sphäre bringen. Von unseren Patienten wissen wir, dass es zum Beispiel beim Glücksspiel zu starken Dopaminausschüttungen kommt. Wie beim Alkohol gibt es das Phänomen des »Flashs«, diesen Kick und das dazugehörige momentane Wohlbefinden. Je schneller diese Kicks aufeinander folgen, umso höher das Suchtpotenzial. Deshalb haben wir heute viel mehr Menschen, die vom Automatenspiel abhängig sind als etwa vom Pokern, weil das Kartenspiel länger dauert. Im Casino sehen Sie den klassischen Suchtkranken an drei Tischen gleichzeitig Geld setzen, damit die Abfolge der Kicks schneller vor sich geht.

Beim Kaufen ist die Wirkungsweise auch klar. Die Kaufsüchtigen sind ja kaufsüchtig und nicht gegenstandssüchtig. Häufig werden die Gegenstände nicht einmal ausgepackt. Kaufsucht ist übrigens entgegen gängigen Klischees bei Männern gleich verbreitet wie bei Frauen. Frauen kaufen eher Kleider und Schuhe, Männer gehen zum Elektro- und Technikhändler und kaufen sich das fünfte Handy oder die siebte Box.

Bei der Onlinesucht stehen zwei Praktiken im Vordergrund. Das eine ist das Online-Glücksspiel, das für den Spieler den Vorteil hat, dass er sein Casino in der Hosentasche tragen kann und keine unnötigen Pausen einhalten muss. Das andere sind die Online-Persönlichkeitsspiele wie zum Beispiel »World of Warcraft« und ähnliche. Die sind unter Jugendlichen sehr stark verbreitet und sind so aufgebaut, dass sie eine hohe Attraktivität besitzen. Man kann sich seine eigene Persönlichkeit schaffen, den Hero. Ist er erfolgreich, dann wird dieser Avatar immer kräftiger und mächtiger, er entspricht auch optisch dem eigenen Wunschbild, während der Spielende vor dem Computer ein fettleibiger, teigiger Jugendlicher ist. Die Faszination, etwas zu werden, Erfolg zu haben, führt ebenso zur Ausschüttung des Glückshormons. Hinzu kommt der im Spiel angelegte soziale Druck, das Spiel nicht zu stoppen, oft 12, 14, 20, bis zu 36 Stunden weiterzuspielen. Wobei, wie schon gesagt, die Dopaminausschüttung zwar ein wichtiger Faktor für die Suchtentwicklung ist, aber nicht der einzig entscheidende.«

Die Therapie: Starker Wille? Starker Charakter?

Bei allem, was Sucht und die Abhängigkeit von Suchtmitteln betrifft, herrscht weitgehender Meinungskonsens: Alles hänge von einem starken oder schwachen Willen, von einem starken oder schwachen Charakter ab. Kann der Problemtrinker das Abgleiten in die Sucht vermeiden, wenn er nur willens- und charakterstark genug ist? Und gelingt eine Therapie nur dann, wenn der Patient willens- und charakterstark genug ist? Der Wille und das Wollen sind auch laut Prof. Musalek von zentraler Bedeutung für einen Therapieerfolg. Aber woher kommt ein starker Wille?

»Oh, mein Lieblingsthema! Der Wille ist ohne Frage der Schlüssel. Aber es gibt keinen willensstarken oder willensschwachen Menschen als Charakter. Diese Diskussion geht zurück bis zu den Alten Griechen. In die Welt gesetzt hat diese Unterscheidung leider Aristoteles, den ich sonst sehr schätze, aber auch Platon, den ich gar nicht schätze. Die haben die »Akrasia« geschaffen, also die Willensschwäche als Charaktereigenschaft diskutiert. Sokrates hat hingegen schon vor dieser Behauptung und konträr dazu gemeint, dass Menschen immer nur das tun, was sie auch wollen.

Was für sie gut ist und schön, das machen sie auch. Dem stimme ich vollkommen zu. Natürlich gibt es Menschen, die in bestimmten Situationen einen starken Willen entwickeln, aber in anderen Situationen nachlassen, nur einen schwachen Willen aufbringen – es sind dieselben Personen. Der entscheidende und ausschlaggebende Faktor dafür ist die Motivation. Was sind nun Motivatoren? Darüber gibt es eine reichhaltige Literatur mit Studien aus der Psychologie und Motivationsforschung. Auch die Wirtschaft will wissen, warum jemand etwas kauft oder nicht. Da wissen wir ziemlich genau Bescheid. Es gibt viele Motivatoren, aber zwei davon schlagen alles. Ein Hauptmotivator ist, dass ich etwas als schön und attraktiv empfinde, es also begehre, das motiviert mich. Der zweite Hauptmotivator ist, dass ich etwas für möglich halte. Ich muss mir zutrauen können, dass ich es schaffe, mein Ziel zu erreichen.

Ein Beispiel: Ich finde es schön, den Kilimandscharo zu besteigen, weil ich die Vorstellung, oben zu stehen und in die Weite zu blicken, ungeheuer attraktiv finde. Aber ich traue es mir nicht zu, also entwickle ich einen sehr schwachen Willen, den Berg zu besteigen, und schau mir lieber eine Dokumentation darüber an. Es gibt aber Menschen, die sich das zutrauen, und die sind dann wirklich hochmotiviert, bis hin zum Einsatz ihres Lebens, weil sie überzeugt sind, dass sie es schaffen können.

Was bedeutet das jetzt für die Therapie, zum Beispiel der Alkoholkrankheit? Das Hauptziel, das in der Regel gesteckt wird, lautet Abstinenz. Nun ist Abstinenz per se nichts Schönes. Auf etwas zu verzichten, das schön und wichtig und eigentlich ein Zaubertrank ist, ein Mittel, das so viele wunderbare Dinge kann, das ist ganz einfach nicht attraktiv. Noch dazu ein Leben lang! Wer kann sich das zutrauen? Das kann sich keiner zutrauen. Damit haben wir oder die Gesellschaft den Patienten in eine Situation versetzt, in der er nur einen schwachen Willen entwickelt. Das wird dann umgelegt auf den Charakter und plötzlich haben wir den charakterschwachen Alkoholiker. Das ist nicht statthaft.«

Die Orpheus-Therapie

Die im Anton-Proksch-Institut praktizierte Lehre und Methode der Therapie stellt nicht das durch Selbstdisziplin, durch Lernen, durch Training angeeignete Durchhaltevermögen beim Verzicht auf Suchtmittel in den Mittelpunkt. Angestrebt wird vielmehr die Stärkung der Motivation beim Patienten. Erreicht werden soll das durch eine Umgruppierung der Werte des Patienten. Etwas Hochattraktives, wie die Suchtmittel, soll durch noch wesentlich Attraktiveres, Schöneres verdrängt werden. Daher auch der Name aus der griechischen Mythologie, wie wir gleich sehen werden. Geboren hat Prof. Musalek die Grundidee dazu auf nicht ganz konventionelle Art.

»Eines Tages, als ich von einem Mittagsschlaf aufgewacht bin, habe ich mir gesagt: ›Ich kann eigentlich von unseren Patienten nicht etwas einfordern, das ich selbst nicht kann, nie könnte und auch gar nicht können möchte. Nämlich auf das Erst-, Zweit-, Dritt-, Viert- oder Fünftwichtigste in meinem Leben zu verzichten. Das ist aber das, was wir verlangen, wenn wir sagen ›Trink nichts mehr, ein Leben lang‹. Ich habe mich selbst hinterfragt und ich weiß, ich kann auf das Fünfundzwanzigstwichtigste verzichten, da bin ich stark, sicher. Die Erfahrung zeigt allerdings, dass wir Attraktives und Schönes nicht downgraden können. Wir können es nicht willentlich entwerten. Was wir aber können, ist andere Dinge upgraden, aufwerten, das funktioniert. Die Grundidee besteht also darin, das Leben mit so viel Schönem anzureichern, dass die Attraktivität des Suchtmittels zurückgedrängt wird. Daher auch der Vergleich mit der griechischen Mythologie.

Der Argonautensaga und Homers Odyssee zufolge gelang es zwei großen Heroen, die im Mittelmeer gelegene Insel der Sirenen schadlos zu passieren. Die Sirenen sind ein wunderbares Sinnbild für Suchtmittel – schön, hochattraktiv, mit verführerischem Gesang, alle Männer in ihren Bann ziehend. Kam man ihnen zu nahe, bezahlte man mit dem Leben. Odysseus, der Listige, schaffte es, indem er sich an den Schiffsmast binden ließ, und seine Seeleute mussten sich die Ohren mit Wachs zustopfen. Das entspricht durchaus unserer früheren Vorstellung von Suchttherapie: mit List, Ausdauer und starkem Durchhaltevermögen die Abstinenz irgendwie einhalten zu können. Weniger bekannt ist, dass auch Orpheus die Insel der Sirenen erfolgreich passiert hat, mit einer völlig anderen Strategie. Er machte auf seiner berühmten Laute einfach die schönere und lautere Musik und übertönte damit die Lockgesänge der Sirenen. Auf die Therapie umgelegt stellt das einen absoluten Paradigmenwechsel dar. Es geht nicht um das Durchhalten, sondern darum, das Leben mit so viel Schönem aufzuwerten, dass der Alkohol an Bedeutung verliert, im Idealfall zum Störfaktor wird. Das Therapieziel ist also nicht die Abstinenz, sondern ein freudvolles und autonomes Leben, was nichts anderes heißt als psychische Gesundheit. Wer das nicht erreicht, ist ein Therapieversager, selbst wenn er abstinent ist. Die Abstinenz ist zwar die Grundvoraussetzung, aber nicht das Endziel. Das ist das freudvolle und autonome Leben.«

Therapiemethoden des Orpheus-Programms

Für den allergrößten Teil ernsthaft suchtkranker Personen, die sich helfen lassen wollen, ist die stationäre Behandlung in einer Klinik so gut wie unausweichlich, schon aufgrund ihres desolaten körperlichen und psychischen Zustandes. Die wenigsten entscheiden sich zu diesem Schritt, bevor es ihnen sehr schlecht geht und der Leidensdruck entsprechend hoch ist. In der Regel dauert die Behandlung acht bis zehn Wochen und erfolgt in drei Stufen.

Im Mittelpunkt der Akutbehandlung steht der körperliche Entzug. Er wird medikamentös und medizinisch begleitet und dauert je nach Suchtmittel unterschiedlich lang. Zwischen sieben und vierzehn Tage beim Alkohol, knappe vier bis fünf Tage bei Heroin, am längsten, nämlich drei bis vier Wochen, bei hochdosiertem Missbrauch von Medikamenten. Nachdem, wie erwähnt, die Sucht keine isolierte Erkrankung ist, sondern immer in andere Leiden eingebettet, geht es in der zweiten Phase darum, ein ganzes Knäuel von medizinischen, psychischen und sozialen Problemen zu erkennen und zumindest dem Beginn einer Behandlung zuzuführen. Die Konstellationen können sehr komplex sein: Depressionen, bipolare Störungen, Persönlichkeitsstörungen, Traumen, sehr häufig desasträse soziale Verhältnisse und Familiensituationen und vor allem eine Fülle von körperlichen Erkrankungen als Folge des Suchtmittelkonsums. Medikation, Psychotherapie und soziale Intervention (in Kalksburg sind täglich drei Sozialarbeiter verfügbar) dienen einer ersten Stabilisierung der Patienten.

Nach dieser Akutbehandlung beginnt die eigentliche Orpheus-Therapie, die »Lebens-Neu-Gestaltung«. »Wenn wir freudvolles Leben als Therapieziel haben, dann können wir nicht defizienzorientiert vorgehen, sondern müssen ressourcenorientiert arbeiten. Ich kann mich nicht darauf beschränken, die Defizienzen und Unzulänglichkeiten der Suchtkranken zu behandeln, und erwarten, dass sich dann schon große Freude einstellen wird. Das ist selten der Fall und wenn überhaupt, dann nur für ganz kurze Zeit. Nein, wir müssen als Erstes die Ressourcen des Einzelnen erkunden und nützen. Da gibt es alles Mögliche: die kognitiven Ressourcen, die interaktionellen, die emotionalen etc. Zentral sind einmal die Ressourcen des Möglichen. In der Therapie wollen wir ja das Mögliche möglich machen und nicht das Unmögliche versuchen. Also wird man einem Patienten nicht dort versuchen zu helfen, wo er besonders schwach ist, sondern bei seinen Stärken ansetzen und diese ausbauen. Das zweite ist das Schöne. Zunächst geht es darum, dem Patienten zu helfen, das Schöne überhaupt erleben zu können. Viele unserer Patienten kommen ja völlig anästhesiert zu uns, sie spüren gar nichts mehr, auch nicht sich selbst. Ihr einziges Gefühl: ›Ist eh alles egal.‹ Also besteht der erste Schritt unseres in Module gegliederten Programms in der Wiedererlernung der Achtsamkeit und der Aufmerksamkeit. Die Patienten müssen in kleinen Schritten wieder dazu hingeführt werden, zu differenzieren. Egal ob es um Gerüche geht oder darum, etwas anzufassen, der Patient soll sagen können: ›Das ist mir lieber als das andere.‹ Diese Unterscheidung treffen zu können, ist der erste Schlüssel, denn dann kann man das, was man bevorzugt, stärken. Das kann über die Natur gehen, über Körperwahrnehmungsübungen, über Musik, über Kunsttherapie – die höchste Stufe sind dann die Genussgruppen. Da geht es ums Genießen, um das ›sich vom Schönen beschenken lassen‹.

Bei diesem therapeutischen Ansatz gibt es zwei wichtige No-Go-Wörter: das eine ist Erziehung oder Edukation, das andere Training. Zwei Begriffe, die vor allem in der Verhaltenstherapie dominieren und auch heute noch sehr en vogue sind, Stichwort Psychoedukation. Warum sind das No-Gos? Weil Training und Edukation heißt, dass ich weiß, was am Ende sein soll und sein muss. Bei uns heißt es hingegen im wahrsten Sinn des Wortes ›der Weg ist das Ziel‹, weil ich auf dem Weg mein Ziel entwickle. Deswegen geht es bei uns um Entwicklung und Entfaltung. Das entspricht einem Paradigmenwechsel in der Therapie und man kann ihn leicht veranschaulichen. Ich selbst habe diese Erfahrung gemacht. Solange ich mir im Fitness-Studio mit Schwimmbecken zum Ziel gesetzt habe, 20 Längen zu schwimmen, habe ich jede absolvierte Länge gezählt, dauernd daran gedacht, wie viele mir noch bleiben, und mich mit Anstrengung überwunden. Jetzt zähle ich nicht mehr, sondern konzentriere mich darauf, zu spüren, wie das Wasser an meinem Körper vorbeifließt. Ein wunderbares Gefühl – und seitdem schwimme ich mit Lust und gerne.«

Die Pille gegen Alkoholsucht und das kontrollierte Trinken

Seit Langem hat die Pharmaindustrie versucht, Medikamente gegen die Alkoholsucht zu entwickeln. Auf dem Markt gibt es einige, wie Campral, Revia oder Antabus, die die Alkoholsucht zumindest eindämmen sollen. Ihr Erfolg ist umstritten. In jüngster Zeit gab es wieder viel Aufsehen in den Medien, weil zwei neue Produkte zugelassen wurden und auf den Markt kamen. Baclofen ist ein Muskelrelaxans und wird seit Langem zur Behandlung von Spastik oder Multipler Sklerose eingesetzt. Seit einem ausführlich beschriebenen Versuch der Selbstmedikation eines französischen Chirurgen in New York gegen seine Alkoholkrankheit ist das Medikament verstärkt als mögliche Anti-Alk-Pille im Gespräch, bleibt aber unter Wissenschaftlern umstritten. Das zweite Produkt, das Nalmefen, gehört zur Gruppe der Alkoholentwöhnungsmittel und ist durch ausführlichere Studien abgesichert. Prof. Musalek war selbst an der Erforschung des Medikaments beteiligt, relativiert aber sofort.

»Die Pille gegen die Alkoholkrankheit gibt es nicht. Die wird es auch nie geben, weil die Alkoholkrankheit in der Natur nicht vorkommt, sondern ein vom Menschen in die Welt gesetztes Konstrukt ist. Es gibt nur all die schon erwähnten Einzelphänomene, die wir zusammengefasst als Alkoholkrankheit bezeichnen. Was es gibt, sind Medikamente, die das Craving, die starke Gier nach Alkohol, mindern können. Die kommen mit unterschiedlichem Erfolg zum Einsatz. Dann gibt es Medikamente, die die Rückfallquote reduzieren sollen. Wie sie genau wirken, weiß man nicht, und sie haben sich auch nicht durchgesetzt. Dann gibt es das Antabus, von dem ich weiß, dass ich, wenn ich es gemeinsam mit Alkohol einnehme, auf der Intensivstation lande. Völlig inkompatibel. Dann gibt es das neue Produkt, das Nalmefen. Diese Substanz wirkt auf das Dopamin. Sie schneidet den ersten Dopamin-Peak ab, verhindert also den besagten ›Flash‹ des Wohlgefühls, den Kick. Das kann helfen, vom Trinken des zweiten und dritten Glases abzuhalten. Ist jemand hochmotiviert, sein Trinkvolumen zu reduzieren, kann es schon sehr behilflich sein. Problematisch ist es für jemanden, der schon eine starke körperliche Abhängigkeit entwickelt hat. Da gibt es nur die Abstinenz. Denn der körperlich Abhängige leidet sofort unter einem Entzugssyndrom, sobald er nicht genügend Alkohol zuführt. Wenn ich also weitertrinke, aber immer zu wenig, dann leide ich unter einem permanenten Entzug und dagegen kann das Nalmefen nichts ausrichten.« Deshalb bleibe auch die Hoffnung des schwer körperlich abhängigen Alkoholkranken auf ein kontrolliertes Trinken ein Traum. Eine solche schwere körperliche Abhängigkeit ist ein »point of no return«. Bei Hochdosis-Problemtrinkern ohne körperliche Abhängigkeit kann Nalmefen sehr gut helfen, überhaupt dann, wenn sie noch keine starke psychische Abhängigkeit entwickelt haben.

Es lebe das Trinken, verdammt sei der Trinker

Gegenüber keinem anderen Suchtmittel verhält sich unsere Gesellschaft so zwiespältig, selbstbelügend und heuchlerisch wie gegenüber dem Alkohol. Bier, Wein, Schnaps, Cocktails und Mischgetränke sind allgegenwärtig und fester Bestandteil sämtlicher Lebensbereiche. Geburtstagsfeiern, Familienfeiern, Betriebsfeiern, das gesetzte Abendessen, das Dinner im Gourmetrestaurant oder einfach nach der Arbeit zum Entspannen, der Ausflug am Wochenende sowieso ... Ohne Alkohol scheint gar nichts zu gehen. Wer nicht mittrinken oder zumindest anstoßen will, wird oft skeptisch beäugt. Wegen seiner Geselligkeit geschätzt wird hingegen, wer viel trinkt, selbst dann, wenn er dabei häufig ein auffallendes bis ausfälliges Verhalten an den Tag legt, sofern es lustig ist, solange man darüber lachen kann. Abrupt ändern Kollegen, Freunde und Angehörige ihre Haltung allerdings, wenn der Hochdosis-Problemtrinker eingesteht, ein Problem zu haben.

Musalek: »Solange jemand mitmacht, solange er mit dabei ist, solange er lustig ist, solange er eben nicht krank ist, ist alles in Ordnung. Sobald jemand aber öffentlich eingesteht, ein Problem zu haben, will man nichts mehr mit ihm zu tun haben. Ab dem Zeitpunkt, ab dem er nicht mehr die gewohnte Leistung erbringt – wenn man ehrlich ist, eigentlich ab dem Zeitpunkt, ab dem er nicht mehr erfolgreich ist –, wendet man sich ab. Man muss sagen, dass sämtliche psychischen Störungen und Krankheiten stigmatisierend sind, für die Alkoholkrankheit gilt das umso mehr. Wenn ich in meinen Vorlesungen die Frage stelle: ›Würden Sie eher in ein Flugzeug einsteigen, dessen Pilot ein schweres, chronisches Magengeschwür hat oder der alkoholkrank ist‹, dann antwortet jeder ›beim Piloten mit dem Magenulkus‹. Ich sage dann immer: ›Ich bevorzuge den alkoholkranken Piloten. Da schau ich mir an, ob er abstinent ist und kann mir wirklich sicher sein, dass dieser Pilot nichts trinkt. Denn wenn der Magenkranke während des Fluges einen Magendurchbruch erleidet, ist das sogar wesentlich schlimmer als eine leichte Alkoholisierung. Trotzdem lauten die Antworten der Befragten anders. Das ist völlig irrational. Denn ein Alkoholkranker ist nicht mehr oder weniger verhaltensgestört als jeder andere, sofern er nicht im stark alkoholisierten Zustand ist. Es heißt immer, Alkoholkranke seien unverlässlich, leistungsschwach, sie würden lügen und vieles mehr. Im Gegenteil. Wenn sie nicht alkoholisiert sind, sind es Menschen, die weit über das Maß hinaus arbeiten, sie sind in der Regel sehr genaue Menschen, haben ein sehr hohes Wertebewusstsein. Das Problem ist also die Alkoholisierung und nicht die Alkoholkrankheit.

Warum lege ich so großen Wert auf diese Unterscheidung? Aus demselben Grund, aus dem ich mich vehement

gegen den Ausdruck ›Alkoholiker‹ wehre! Bei allen Patienten, die mir in meiner langjährigen beruflichen Praxis un-
tergekommen sind, habe ich nicht eine Person kennengelernt, die nur alkoholkrank und sonst nichts war. Das ist
wichtig, denn lange Zeit glaubte man ja, es gebe so etwas
wie eine Suchtpersönlichkeit, und dass alle Alkoholkranken gleich seien. Ja, es gibt bei Alkoholkranken, die trinken,
viele ähnliche Mechanismen. Zum Beispiel eine gesteiger-
te Passivität, der Glaube, alles müsse irgendwie von außen
gelöst werden. Von der Psychotherapie etwa erwarten viele,
dass sie da ›etwas bekommen‹ und dann werde sich etwas
ändern. Auch mithilfe der Psychotherapie kann natürlich
nur der Patient selbst etwas ändern.

Zur Frage der Suchtpersönlichkeit haben britische For-
scher als erste prospektive Studien angestellt. Sie haben die
Persönlichkeit von Jugendlichen untersucht und 30 Jahre
später erneut überprüft. Ein Teil war alkoholkrank, andere
nicht, wieder andere hatten ganz andere Probleme. Untersucht wurde dabei, ob man gewisse Persönlichkeitsmerk-
male damit korrelieren kann, dass Personen alkoholkrank
werden, ob man also einen Zusammenhang herstellen
kann. Ergebnis: Das geht nicht.«

Weinkultur und Trinkkultur

»Wir müssen unterscheiden zwischen Alkoholkultur
und kultiviertem Umgang mit Alkohol. Das ist nicht das
Gleiche. Wir haben in der Tat eine sehr hohe Alkoholkultur,
die wir seit vielen Jahrhunderten in unseren Breiten entwickelt und raffiniert, eben kultiviert haben. Wir haben leider
den Umgang mit Alkohol nicht kultiviert, zumindest nicht

in gleichem Maße. Wir können schlecht damit umgehen, weil wir bezüglich der negativen Wirkungen des Alkohols einen Neglekt entwickelt haben, also die negativen Wirkungen des Alkohols vernachlässigen und ignorieren. Man macht sich vor, es würden nur gewisse Menschen unter den negativen Wirkungen leiden, der gesunde Österreicher könne hingegen viel trinken, sogar sehr viel, weil er eben Österreicher ist.«

Den Einwand, diese Haltung sei doch auch in anderen europäischen Ländern weit verbreitet, nicht zuletzt in Deutschland, relativiert Prof. Musalek. »Stimmt. Aber rein von den Zahlen her schlagen wir die Deutschen. Beim Fußball schaffen wir es nicht, aber bei der Zahl der Alkoholkranken haben wir die Nase vorn. Auch beim Pro-Kopf-Verbrauch liegen wir immer im europäischen Spitzenfeld, meistens unter den Top Ten, oft unter den Top Five und manchmal schaffen wir sogar den ersten Platz. Das ist traurig und gilt auch weltweit, weil in den europäischen Ländern das Alkoholproblem am größten ist.«

Als Beispiel des gelungenen kultivierten Umgangs mit Suchtmitteln nennt Prof. Musalek die Handhabung von Kokain bei den Indianern Amerikas. Vor allem in der nördlichen Hälfte Südamerikas scheint der Gebrauch von Kokain seit gut fünftausend Jahren erwiesen. Die Schamanen verwendeten es zur Geister- und Götterbeschwörung, bei Heilungsritualen und als Opfergabe. Aber auch bei Stammesfesten und sozialen Zusammenkünften war der Konsum von Coca-Blättern üblich. Üblich, aber sozial geregelt und kultiviert. »Obwohl die Indianer sozusagen ihr ganzes Indianerdasein lang Kokain verwendet haben, sind wir sicher, dass es zumindest im 17., 18. und 19. Jahrhundert – also seit wir über diese Bevölkerung etwas wissen – kaum Kokainabhängige gegeben hat. Sie haben sich das Kokain eben nicht wahllos einverleibt, sondern nur bei ganz bestimmten rituellen Anlässen. Dann kam der weiße Mann und brachte den Alkohol. Die Indianer begannen ebenso Alkohol zu trinken, konnten damit jedoch nicht umgehen, lernten den kultivierten Umgang damit nicht. Bis heute sind in Amerika die Indianer die ethnische Gruppe mit der höchsten Anzahl an Alkoholkranken. Wir wissen aber, dass das Suchtpotenzial von Kokain ungleich höher ist als jenes von Alkohol. Das zeigt uns, was wir erreichen könnten, wenn wir lernen würden, den Umgang mit Alkohol zu kultivieren. Das ist auch eine unserer vordringlichen Aufgaben heute: den Alkohol nicht zu verdammen oder zu verbieten, sondern den Umgang damit zu kultivieren. Dann könnten wir mit dem Alkohol das erreichen, was die Indianer mit dem Kokain geschafft haben.«

Prim. Univ.-Prof. Dr. Michael Musalek

Lebenslauf

Michael Musalek, geboren am 26. März 1955 in Wien. Seit 1986 Facharzt für Psychiatrie und Neurologie, seit 1993 Psychotherapeut. Seit 1993 gerichtlich beeideter Sachverständiger für das Gebiet der Psychiatrie. Von 1989 bis 2001 stationsführender Oberarzt an der Psychiatrischen Universitätsklinik in Wien; 1990 Venia docendi für das gesamte Gebiet der Psychiatrie. Seit 1997 außerordentlicher Universitätsprofessor für Psychiatrie an der Medizinischen Universität Wien. Seit 2001 Primarius im Anton-Proksch-Institut, seit 2004 Ärztlicher Direktor des Anton-Proksch-Institutes. Seit 2015 Vorstand des Instituts für Sozialästhetik und Psychische Gesundheit der Sigmund Freud PrivatUniversität Wien. Gastprofessor an der University Belgrade, Clinic for Psychiatry CCS & School of Medicine. Er ist Mitglied des Executive Committee of the European Psychiatric Association (Secretary for Sections), Präsident der European Society for Aesthetics and Medicine, Präsident des Stiftungsfonds Erwin Ringel Institut. Mitglied des Committee for Education

(EPA), Mitglied des Operational Committee on Education der World Psychiatric Association (WPA), Mitglied der Section und des Boards of Psychiatry of the Union Européenne des Médecins Spécialistes (UEMS). Er war Mitglied des Obersten Sanitätsrates von 2008 bis 2015, Präsident der Österreichischen Gesellschaft für Psychiatrie und Psychotherapie von 2007 bis 2011.

Herausgeber bzw. Mitherausgeber der Fachzeitschriften:
▸ Spectrum
▸ Rausch
▸ Journal für Philosophie und Psychiatrie
▸ Psychiatrie & Psychotherapie

Mehr als 300 Publikationen mit den Forschungsschwerpunkten:
▸ Empirische und Theoretische Psychopathologie
▸ Diagnostik und Behandlung von psychischen Erkrankungen (mit besonderem Schwerpunkt auf Suchterkrankungen, akute und chronische Psychosen sowie »Burnout« und psychosomatische Erkrankungen)
▸ Philosophie und Psychiatrie (insbes. Sozialästhetik in der Medizin)